2 WEEKS
비즈니스 영어

TWO WEEKS
BUSINESS
ENGLISH:
PRESENTATION

케빈 경 지음

: 프레젠테이션

DARAKWON

저는 기업과 기관에서 실무자에게 프레젠테이션, 이메일, 전화, 회의, 협상 등의 비즈니스 커뮤니케이션 스킬을 강의하는 강사이자 코치입니다. 그래서 영어가 필요한 실무자와 자주 만나게 되는데, 어디서부터 시작하는지 막막해하는 그들에게 가장 먼저 알려주는 것은 각 상황에 맞는 기본기와 영어 매너입니다. 비즈니스 상황 별로 필요한 기본을 알고 그에 맞게 영어 표현을 배워 나가는 것이 가장 좋은 방법이니까요. 〈2 WEEKS 비즈니스 영어〉시리즈는 제가 이런 비즈니스 영어 과정을 운영하면서 쓴 방대한 자료를 압축하는 데서 출발했습니다. 그리고 수많은 실무자들의 피드백을 받아 혼자서도 할 수 있는 가장 효율적인 2주 커리큘럼을 완성했습니다. 실제 훈련 과정의 진행 순서를 반영했고, 강의에서 제공한 워크북과 핸드아웃의 내용을 모두 수록했습니다.

> **The star of the presentation is not the slides. It's you.**
> 프레젠테이션의 주연은 파워포인트 슬라이드가 아닙니다. 여러분입니다.

위에 적은 문구는 제가 영어 프레젠테이션을 위한 강의를 할 때 늘 하는 말입니다. 예전에는 멋진 슬라이드 내용을 청중에게 충실하게 설명하는 것이 발표자의 몫이라고 믿기 때문에 저 말에 공감하지 못하는 분들도 많았습니다. 또 많은 기업, 기관에서 발표자가 '튀는' 것 자체를 꺼리는 경향도 있었고요.

하지만 스티브 잡스가 등장한 이후 그의 스타일을 따라 하는 프레젠테이션이 대중화되면서 사정이 달라졌습니다. 이제 '전문가'인 발표자가 주연이고 슬라이드나 시각자료는 그저 도우미 역할을 하는 것으로 프레젠테이션의 경향이 자리 잡았습니다. 이는 미국의 TED나 한국의 '세상을 바꾸는 시간 15분'만 봐도 알 수 있습니다.

2 WEEKS
비즈니스 영어

: 프레젠테이션

2 WEEKS 비즈니스 영어: 프레젠테이션

지은이 케빈 경
펴낸이 정규도
펴낸곳 (주)다락원

초판 1쇄 발행 2021년 5월 20일

편집총괄 장의연
책임편집 김은혜
디자인 하태호
전산편집 이현해
사진 Shutterstock

다락원 경기도 파주시 문발로 211
내용문의: (02)736-2031 내선 522
구입문의: (02)736-2031 내선 250~251
Fax: (02)732-2037
출판등록 1977년 9월 16일 제406-2008-000007호

값 13,000원

ISBN 978-89-277-0135-4 13740

www.darakwon.co.kr

다락원 홈페이지를 방문하시면 상세한 출판정보와 함께 동영상강좌, MP3자료 등 여러 도서의 다양한 어학 정보를 얻으실 수 있습니다.

또 발표의 형태나 진행하는 장소도 다양해지고 있습니다. TED처럼 큰 강당에서 많은 청중을 두고 할 수도 있고, 회의실에서 소수의 인원으로 격식 없이 간단하게 진행하는 프레젠테이션도 있습니다. 때로는 파워포인트 없이 화이트보드나 플립차트를 이용하기도 합니다. 요즘은 화상으로 프레젠테이션하는 경우도 현저하게 늘었습니다. 이런 다양한 여건에 상관없이 공통으로 준비해야 할 것은 프레젠테이션에 적합한 태도와 스킬, 그리고 영어 표현 능력입니다.

이 책은 여러분이 갖춰야 할 그 프레젠테이션 능력을 기르는 가이드를 2주 동안 습득할 수 있게 제공합니다. 단 2주 만에 프레젠테이션의 모든 것을 마스터하는 것을 목표로 하지 말고, 앞으로 프레젠테이션에서 이 책의 내용을 실현하는 것을 목표로 삼으세요. 그렇게 프레젠테이션을 거듭할수록 여러분의 실력도 향상될 것입니다.

책으로는 강사가 피드백을 줄 수 없고, 동료와 함께 하는 활동은 어렵기 때문에 어떻게 하면 혼자서도 좋은 효과를 낼 수 있을까 많이 고민해서 작은 부분도 자세히 설명을 넣었습니다. 이 책을 참고로 하여 각자의 영어 실력과 분야에 따라 학습이 필요한 부분은 더 깊게 공부하고, 여러 차례 반복해서 연습하면 반드시 좋은 결과를 얻을 것입니다.

당장 눈앞에 닥친 프레젠테이션을 위해 필수적인 영어 표현을 실었습니다. 언제 쓸지 모르는 유사 표현을 많이 아는 것은 실전에서는 도움이 안 되기 때문이죠. 이 중 자신의 업무에 맞고 말하기 쉬운 표현을 자신의 것으로 만드세요. 자신만의 실무용 영어 멘트를 만드는 것입니다. 영어라는 언어는 2주 만에 완벽해질 수 없지만, 필요한 만큼만 따로 연습하면 성공적인 발표가 가능합니다. 이 책이 여러분이 프레젠테이션의 주연으로서 목적을 달성하는 데 실질적인 가이드가 되길 진심으로 바랍니다. 또한 여러분의 실무 영어 실력을 키우는 데 이 시리즈가 밑바탕이 되길 바랍니다. 이번에도 〈2 WEEKS 비즈니스 시리즈〉를 함께 만들어간 다락원 편집부에 감사의 뜻을 전합니다. 그리고 독자 여러분: Thank you and good luck!

케빈 경

비즈니스 영어 전문가의
노하우를 다 모았다

이 책에는 십 여년간 비즈니스 영어 강의를 진행한 비즈니스 영어 전문가의 실제 강의 노하우가 모두 담겨 있습니다. 기업과 기관의 연수 과정을 그대로 담았기 때문에 실전에서도 반드시 통합니다. 선배의 PPT 파일을 열어보는 것부터 시작하지 말고, 프레젠테이션의 기본 구조와 구성 요소, 발표자의 태도, 적절한 영어 구사력을 갖추도록 이 책을 보며 훈련하세요. 한 번 익혀두면 평생 써먹는 든든한 자산이 될 것입니다.

낮일밤공! 혼자서도
2주 안에 확실히 끝낸다

2주는 프레젠테이션 스킬을 익히는 데 충분한 시간입니다. 매일 적게는 30분, 많게는 1시간 정도의 시간을 내면 충분히 이 책의 내용을 내 것으로 만들 수 있습니다. 프레젠테이션 자료조사부터 발표까지 이 책에 나온 순서대로 따라가기만 하면 됩니다. 오늘의 목표를 확인하고, 매일 하나씩 따라해보세요. 실제 발표를 앞둔 것처럼 따라하면 반드시 효과가 나타납니다.

객관적인 기준으로
내 프레젠테이션을 체크한다

영어로 프레젠테이션을 하고 난 후 청중에게 솔직한 피드백을 받기는 쉽지 않습니다. 이 책에는 여러분 스스로가 자신의 프레젠테이션이 잘 진행됐는지 판단할 수 있는 기준이 제시되어 있습니다. 실제 강연과 교육 과정에서 사용하는 워크북에 수록됐던 내용입니다. 이를 활용해서 자신의 프레젠테이션을 객관적으로 평가해보세요.

핵심만 딱딱!
저자의 음성 강의를 듣는다

저자가 직접 녹음한 음성 강의는 각 Day에 필요한 핵심을 짚어줍니다. 수백 명이 참석하는 비즈니스 교육의 진수를 음성 강의로 들을 수 있습니다.

1 프레젠테이션 이해하기

14일 동안 프레젠테이션을 위한 준비 과정을 배웁니다. 책에 나온 내용을 읽고 넘어가는 것이 아니라 실제 프레젠테이션을 준비한다고 생각하고 따라해보세요.

2 프레젠테이션 연습하기

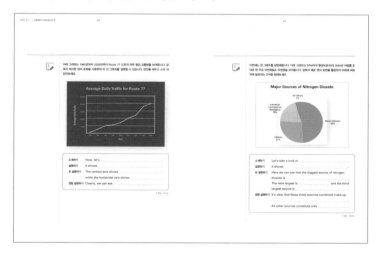

배운 내용을 연습해볼 수 있는 훈련이 있습니다. 실제 비즈니스 영어 세미나에서 실무자들이 수행하는 과제이니 꼭 풀어보세요.

스마트폰으로 큐알코드를 찍어 원어민이 녹음한 mp3를 듣고 따라 말해보세요. 다락원 홈페이지에서도 무료로 다운로드받을 수 있습니다. (darakwon.co.kr)

● Contents

2 WEEKS Business English: Presentation

DAY
01
이해하기

핵심강의 01

Focus On

오늘 배울 핵심 주제입니다

프레젠테이션에 대한 팩트 체크
프레젠테이션의 구조
무대공포증 극복하기

Find Out

시작하기 전에 생각해보세요

프레젠테이션 24시간 후 얼마나 기억에 남는가
프레젠테이션에서 가장 중요한 시간은 언제인가
본론에서 다룰 소주제는 몇 개가 적당한가
무대공포증을 이기는 방법은 무엇인가

프레젠테이션에 대한
팩트 체크

영어로 프레젠테이션을 해야 한다는 공포에 이 책을 집어든 여러분, 마음은 급하시겠지만 먼저, 프레젠테이션에 관한 몇 가지 팩트부터 살펴봅시다.

**무대공포증은
누구나 있다**

많은 사람들이 사람들 앞에서 말하기speaking in public를 두려워합니다. 사적인 대화가 아닌, 나에게 스포트라이트가 집중됐을 때 머릿속이 하얘지고 하려던 말이 입밖에 나오지 않는 겁니다. 이런 것이 무대공포증 stage fright입니다. 그래서 많은 사람들이 프레젠테이션을 어려워합니다.

그런데 이 프레젠테이션을 영어로 해야 한다면 어떨까요? '프레젠테이션'에 '영어'가 더해졌으니 당연히 부담이 더 커집니다. '사람들 앞에서 하는 영어', 즉 '영어 무대공포증'이 누구에게나 있을 수 있다는 것을 인정하고 시작합시다.

**시각자료가
중요하다**

대화에서 화자의 말words이 상대에게 전달될 때 어떤 요소가 영향을 많이 미치는지 알아보는 한 연구 결과를 보면, 화자가 하는 말의 내용 content of speech은 불과 7%, 목소리voice는 38%를 차지한다고 합니다. 그러면 나머지 55%는 무엇일까요? 바로 비주얼 요소visual factor입니

다. 여기서 비주얼 요소는 표정, 몸짓 등 말할 때 보여주는 무엇이 될 수 있죠. 물론 이 연구의 주제는 대화이기 때문에 프레젠테이션에서도 똑같다고 할 수는 없습니다. 하지만 보이는 것이 얼마나 중요한지에 주목할 필요는 있습니다.

프레젠테이션은 시각 자료 없이 진행되는 경우가 드뭅니다. 그래서 슬라이드를 잘 구성하여 청중이 주제를 이해할 수 있도록 정리된 시각자료를 제공하는 것은 발표자가 말을 잘하는 것만큼 중요합니다.

**효과 지속 시간은
짧다**

프레젠테이션을 들은 후 24시간이 지나면 통상적으로 75% 이상을 잊어버린다고 합니다. 그렇다면 차라리 슬라이드를 프린트해서 나누어 주거나 이메일로 보내는 것이 낫다고 생각할 수 있지만, 온·오프라인에서 직접 듣는 발표만큼 강한 인상을 주지 못합니다. 따라서 발표 내용이 더 확실하게 각인될 수 있도록 앞으로 배울 핵심 메세지를 효과적으로 전달하고 청중을 사로잡는 여러 기술을 익히는 것이 필요합니다.

**준비 시간은
분당 1시간**

1h/1m 규칙

준비를 얼마나 했는지에 따라 발표의 결과와 효율성에 차이가 클 수밖에 없습니다. 그러면 10분짜리 발표를 위해 몇 시간을 준비하는 게 바람직할까요? 전문가들은 발표 1분당 1시간을 투자해야 한다고 말합니다. 10분 발표면 10시간을 준비해야 한다는 계산이 나오죠. 제 경험으로 비춰봤을 때도 대략 맞아떨어지는 수치입니다. 반복하는 발표라면 그만큼 준비하는 시간이 줄어들겠지만, 같은 주제라도 청중에 맞춰서 달리 프레젠테이션을 준비하고 연습하는 게 옳습니다.

**처음과 끝이
중요하다**

30s/15s 규칙

영화나 TV 드라마, 연극 등에서 관객을 모으고 좋은 인상을 남기려면 첫 부분과 끝부분이 매우 중요합니다. 청중을 상대로 발표하는 프레젠테이션도 마찬가지입니다. 시작과 마무리에 특히 신경을 써야 하는 까닭입니다. 가장 기억에 남는 부분은 프레젠테이션의 처음 30초와 마지막 15초라고 하죠.

장소는 다양하다

프레젠테이션은 보통 어디에서 이루어질까요? 우리가 생각하는 프레젠테이션은 크게 두 가지 종류로 나눌 수 있습니다. 우선 강당이나 공식적인 자리에서 하는 연설이나 강연으로, 컨퍼런스나 졸업식, 제품 런칭 쇼 등에서 이루어지는 것이죠. 그러나 이렇게 거창한 것 말고 우리가 흔히 하는 프레젠테이션은 비공식적인 자리에서, 고객에게 제안을 하거나 또는 사내 직원을 대상으로 의견을 내거나 정보를 나눌 때 회의실 같이 비교적 좁은 장소에서도 진행됩니다. 여러분도 큰 무대보다는 보통 회의실에서 간단하게 뭔가를 설명하거나 소개하는 일이 더 잦을 겁니다.

Talks (연설, 강연)	**Business** (비즈니스)

• 큰 공간 • 비교적 격식 차린 분위기	• 작은 공간 • 비교적 캐주얼한 분위기
• 컨퍼런스, 전시회 • 특별 강연 • 졸업식 • 제품 출시 현장	• 사내, 내부 발표 • 고객, 클라이언트 대상 제품 소개 • 제안서 발표 • 영업 및 회사 소개

가장 최근에 참석한 프레젠테이션에 대해 써봅시다. 자신이 발표했거나 동료 또는 다른 업체의 프레젠테이션 모두 좋습니다..

프레젠테이션은 어디에서 이루어졌는가?

• ....

대상(청중)은 누구인가?

• ....

주제는 무엇인가?

• ....

분위기는 어땠는가? 격식을 차리는 자리였는가, 또는 캐주얼한 분위기였는가?

• ....

▶ 정답은 없으니 편하게 써보세요.

프레젠테이션의
구조

**커뮤니케이션의
기본 구조**

영어권에서는 모든 커뮤니케이션의 구조를 크게 세 가지로 나눕니다. 영화나 연극은 통상적으로 1막, 2막, 3막으로 나누고, 이메일이나 논문 등, 비즈니스나 학문적 매체는 도입부(서론)와 본론, 마무리(결론)로 구성합니다. 그래서 샌드위치나 햄버거의 구조처럼 3단 구조는 친숙하고 편안합니다.

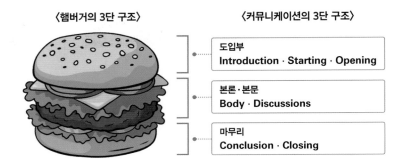

**프레젠테이션도
3단으로 구성한다**

이 3단 구조를 프레젠테이션에 적용하면 크게 도입부, 본론, 마무리로 나눌 수 있습니다. 도입부에서는 발표자인 '나'와 '주제', '구성'을 소개합니다. 본론에서는 주제를 세분화하여 '소주제' 또는 '요점'을 다룹니다. 그리고 마무리에서는 '요약'과 '결론'으로 끝냅니다. 전통적인 프레젠테이션에서는 이 격식을 지켜 모든 요소를 철저히 따랐습니다. 그러나 스티브 잡스나 TED 스타일 프레젠테이션이 주를 이루는 요즘에는 큰 틀에서 3단 구조는 유지하되 세부적인 요소는 생략하거나 자유롭게 변형하는 추세입니다. 그러나 기본적인 프레젠테이션의 구조를 알아야 변형도 가능하겠지요.

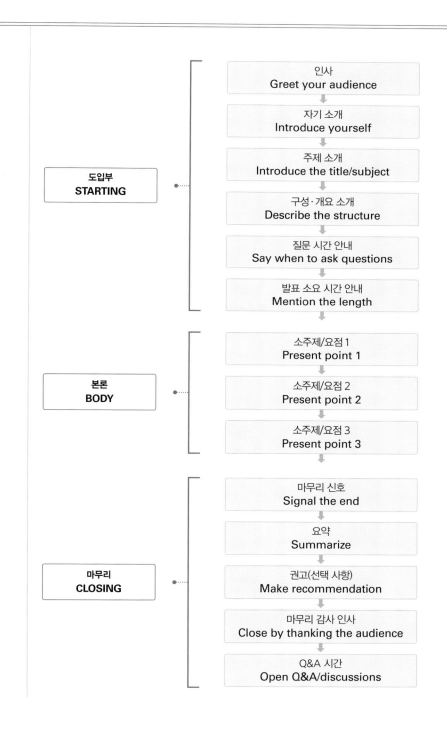

도입부
STARTING

인사
Greet your audience

자기 소개
Introduce yourself

주제 소개
Introduce the title/subject

구성·개요 소개
Describe the structure

질문 시간 안내
Say when to ask questions

발표 소요 시간 안내
Mention the length

본론
BODY

소주제/요점 1
Present point 1

소주제/요점 2
Present point 2

소주제/요점 3
Present point 3

마무리
CLOSING

마무리 신호
Signal the end

요약
Summarize

권고(선택 사항)
Make recommendation

마무리 감사 인사
Close by thanking the audience

Q&A 시간
Open Q&A/discussions

청중을 가이드하는 여행처럼 계획한다

뒤에서 단계별로 더 자세히 다루고 여기서는 한눈에 볼 수 있게 각 단계의 핵심 역할을 간단하게 정리해봅시다. 여기 나오는 내용은 발표용 슬라이드에는 나타내지 않지만, 프레젠테이션을 이끌어가는 발표자가 기억하고 있어야 하는 내용입니다. 프레젠테이션을 시작할 때는 멀리 있는 청중을 발표하는 곳으로 부르는 것이 아니라 청중이 있는 곳까지 마중 나가 함께 여정을 떠난다고 생각하세요. 여행을 준비하는 가이드라고 생각하고 각 단계를 여행에 비유해서 생각해보세요.

단계	목적	실행 방법
도입부 **Starting** (로드맵: 목적지를 알려준다)	흥미 유발	주의를 집중시킨다
	신뢰감 형성	발표자를 소개한다
	개요 소개	진행 순서를 보여준다
본론 **Body** (여정: 함께 여정을 떠난다)	소주제 제시	가능한 2~3가지를 다룬다
	주제 간의 개념 연결	문장과 구, 섹션 등을 통일해 적절한 표현으로 연결한다
	청중 참여 유도	간결한 문장을 쓰고 스토리를 사용한다
마무리 **Closing** (도착: 지나온 길을 다시 보여준다)	주요 내용 요약	핵심을 다시 정리한다
	발표 목적 언급	청중에게 바라는 것을 제안하거나 당부한다
	긍정적 마무리	약속한 시간 안에 끝낸다

무대공포증
극복하기

누구든 다른 사람 앞에서 발표할 때는 긴장감을 느끼기 마련입니다. 수많은 발표를 해본 경험자라도 마찬가지입니다. 정도만 다를 뿐이죠. 이러한 긴장감과 불안감을 해소하는 방법을 알아보겠습니다.

전날은 컨디션 조절

분량이 많고 중요한 프레젠테이션을 앞두고 있다면 전날부터 컨디션을 조절하는 것이 중요합니다. 처음 프레젠테이션을 하는 사람이라면 프레젠테이션 내용보다 컨디션 조절이 결과에 더 큰 영향을 미칠 수도 있습니다.

- 평소처럼 잠을 충분히 잔다.
- 수차례 반복해서 리허설한다. 자신감이 올라가면 불안감은 줄어든다.

딱 첫 2분만 외운다

통상적으로 프레젠테이션 전체를 외우는 것은 바람직하지 않다. 완벽하게 외울수록 로봇 같은 분위기를 연출할뿐더러 외운 내용을 잊어버리는 순간 다음 말을 이어가지 못하는 일이 생기기 때문이다. 하지만 처음 2분 정도는 외우는 것을 추천한다. 외울만한 분량이고 동작 등을 연습하기에도 알맞으며 프레젠테이션 전에 느끼는 초조함을 줄일 수도 있다.

당일은 평소 루틴 유지

프레젠테이션 장소에 따라 이동 거리가 멀 수 있고, 낯선 환경에 놓일 수도 있습니다. 평소 익숙한 환경이 아닐수록 긴장감 해소를 위해 일상적인 루틴을 유지하는 것이 중요합니다.

- 지나친 카페인은 피하되 매일 마시는 커피 한두 잔은 유지해도 좋다.
- 발표할 때 많은 에너지가 소모되므로 간단한 식사는 하는 것이 낫다.
- 물을 가까운 곳에 둔다. 냉수는 성대를 위축시킬 수 있으니 실온의 물이 좋다.
- 숨쉬기와 가벼운 스트레칭을 하자. 간단한 산책도 좋은 방법이다.
- 청중은 발표자가 프레젠테이션을 잘 마치길 바란다. 이 사실을 상기하자.

- 긴장하는 나에게 신경 쓰지 말고, 특이한 색깔이나 물건, 사람 옷 등 외부에 초점을 맞춘다.
- 미소를 짓고 이렇게 생각한다. '나, 여기 있는 게 너무 좋아.'
- 서두르지 말자. 말은 차분하게 천천히 한다.
- 아는 얼굴이 보이는가? 눈을 마주치고 살짝 웃어보자.
- 청중 한쪽만 보지 말고 시선을 다양하게 둔다. 사람들과 두루두루 눈을 맞추자.

청중은 모른다
식은땀이 뚝뚝 떨어지고 멀리서도 보일 정도로 떨고 있는 것이 아니라면 청중은 내가 얼마나 긴장하고 있는지 거의 알지 못한다. 살짝 긴장감을 유지하는 것이 발표하는 데는 도움이 된다는 것을 기억하자. 오히려 긴장감이 없으면 사소한 실수를 할 수도 있다.

앞에 나온 긴장감 해소법 중에 나에게 필요한 방법을 생각해보고 시간 순서로 써봅시다. 자신의 평소 습관을 알아보고 대비하는 것이 긴장감을 해소하는 가장 좋은 해결책입니다.

프레젠테이션 전날

- ....
- ....

프레젠테이션 당일

- ....
- ....

프레젠테이션 도중

- ....
- ....

▶ 정답은 없으니 편하게 써보세요.

유튜브에서 TED 강의를 검색해 관심 있는 분야의 영어 프레젠테이션을 골라서 시청하세요. 그리고 다음 질문에 답해봅시다.

주제 또는 제목은 무엇인가?

• --

기본 구조를 어느 정도 따르는가? 어떤 식으로 구조를 벗어나는가?

• --

발표자가 긴장했는가, 또는 자신감 있어 보이는가?

• --

어떤 부분에서 자신감이 돋보이는가?

• --

외운 듯한 느낌이 드는가?

• --

본받을 만한 요소는 무엇인가?

• --

피하고 싶은 요소는 무엇인가?

• --

▶ 정답은 없으니 편하게 써보세요.

DAY
02
정의하기

핵심강의 02

001.mp3

Focus On

오늘 배울 핵심 주제입니다

프레젠테이션의 3단계 3Ds
D1: DEFINE

Find Out

시작하기 전에 생각해보세요

프레젠테이션 3Ds에서 각 D는 무엇을 의미하는가
핵심 메시지에는 무엇을 담아야 하는가
청중 속의 핵심 그룹이란 누구인가
WIIFM은 무엇의 약자인가

프레젠테이션의 3단계 **3Ds**
: Define, Develop, Deliver

**프레젠테이션
준비 전 고려사항**

프레젠테이션 준비에 앞서 다음 세 가지를 생각해봅시다. 바로 '나'와 '자료', 그리고 '청중'입니다. 즉, 첫째는 나의 능력과 자질, 성격을 솔직하게 평가하고, 둘째는 해당 주제에 관해 가진 정보와 추가로 준비할 자료를 확인하고, 셋째는 참가할 청중에 대해 고려하는 것입니다.

나 **Know yourself.**	• 성격, 능력 • 강점, 약점, 한계 • 전반적인 전문 지식	
자료 **Know your material.**	• 이미 가진 정보 • 추가 자료 출처 • 지인, 동료의 도움	
청중 **Know your audience.**	• 성격, 성향, 나이, 성별 • 전문 분야, 기존 지식 • 발표에 대한 태도	

프레젠테이션에서는 영어 실력보다 내용이 더 중요합니다. 영어 원어민이 아닌 사람이 프레젠테이션을 할 때, 청중은 완벽한 영어 실력을 기대하지 않습니다. 오히려 사소한 언어 실수는 너그럽게 받아줄 수 있죠. 프레젠테이션에서 중요한 것은 전달하고자 하는 내용입니다. 발표자 자신이 가진 지식과 정보가 청중의 니즈와 맞아떨어질 때 가장 완벽한 프레젠테이션이 될 수 있습니다.

**프레젠테이션의
3단계**

The 3Ds: Define, Develop, Deliver

프레젠테이션에는 세 가지 단계가 있습니다. 주제를 정의하는 Define을 시작으로 본격적인 준비와 설계 단계인 Develop을 거쳐 발표 자체인 Deliver가 그것입니다. 각 D에 해당하는 요소는 앞으로 구체적으로 다루겠지만, 여기서는 대략적인 3D 개념을 소개합니다.

3Ds	요소	실행 방법
정의 D1: DEFINE	목적 정의 (Purpose)	What? Why?
	청중 파악 (Audience)	Who?
	장소 설정 (Venue)	When? Where?
준비 D2: DEVELOP	메시지 체계화 (Organize your message)	자료 수집, 개요 및 소주제 설정
	비주얼 디자인 (Create your visuals)	아날로그(노트) → 디지털(파워포인트)
	카드 준비 (Prepare note cards)	주요 내용 카드 준비
	소요 시간 계산 (Estimate length)	전체 프레젠테이션 시간 계산
	연습과 리허설 (Rehearse)	여러 번 반복 연습
전달 D3: DELIVER	도입부 (Starting)	인사, 소개, 주제와 구조 소개
	본론 (Body)	핵심 메시지를 지지하는 각 소주제 전개
	마무리 (Closing)	요약과 제안, 당부, 감사, 시간 맞춰 끝내기
	Q&A	질의응답

Presentation 3Ds ⓒ Kevin Kyung. All rights reserved.

D1: DEFINE
정의, 파악, 설정

첫 번째 D는 Define입니다. define은 '~을 정의하다, 명확히 규정하다'라는 뜻이지요. 프레젠테이션을 준비할 때 먼저 프레젠테이션의 목적과 청중, 장소를 파악하는 것이 중요합니다. 다음 요소를 고려해서 정리해봅시다.

목적을 정의한다

프레젠테이션의 배경은 무엇인가

프레젠테이션을 하게 된 배경(전후 사정, 맥락)과 주제가 무엇인지가 뚜렷해야 합니다. 목적은 구체적일수록 좋습니다. 중국 진출의 찬반양론 제시, 회사의 새로운 휴가 방침에 대한 설명, 다음 주 출시할 제품 소개 등 때에 따라 주제의 폭이 넓을 수도 있고, 아주 간단할 수도 있습니다. 같은 주제라도 상황에 따라 접근방식이 달라야 합니다. 단순한 내부 정보 공유와 고객을 위한 영업적인 프레젠테이션은 언어, 시각자료, 기획단계 모두 차이가 있습니다.

프레젠테이션의 배경

- 지식이나 정보 공유, 설명
  예: 우리 부서의 새로운 정책 설명하기

- 설득, 영업
  예: 자사 서비스를 구매하라고 잠재적 고객 설득하기

- 동기 부여, 격려
  예: 부서 리더로서 직원들 격려하기

- 오락, 재미
  예: 회사 MT에서 재있는 얘기해주기

이 프레젠테이션의 목적은 무엇인가

프레젠테이션의 궁극적인 목적은 원하는 결과를 얻는 것입니다. 다시 말해 프레젠테이션이 끝난 후 청중이 행동으로 옮겼으면 하는 것, 또는 결정하기를 바라는 것이 목적이 됩니다. 이를테면 중국 진출에 대한 찬반양론을 청중이 충분히 숙지한 후 활발히 논의하는 것, 새로운 회사의 방침을 충분히 이해하고 실천하는 것, 고객이 새로운 제품을 다량으로 주문하는 것이 프레젠테이션의 목적일 수 있습니다.

이때 여러분의 프레젠테이션의 목적을 명확히 표현하는 메시지를 만들면 도움이 됩니다. 이 메시지는 전체 프레젠테이션을 한 문장으로 줄여서 말할 수 있을 정도가 좋습니다. 앞에서도 언급했지만, 청중은 시간이 지나면 프레젠테이션 내용의 상당 부분을 기억하지 못합니다. 대신 여러분이 전달한 메시지만큼은 기억할 수 있도록 프레젠테이션의 목적을 잘 반영하는 메시지를 정하는 것이 필요합니다.

핵심 메시지는 무엇인가

그래서 Define 단계에서 청중이 챙겨가야 할 딱 하나의 핵심 메시지core message를 만드는 게 좋습니다. 그런 후 프레젠테이션에 들어가는 모든 요소는 내가 정한 핵심 메시지를 증명하는 역할을 하도록 설계합니다. 이는 준비부터 진행까지 프레젠테이션을 이끌어가는 가이드라인이 됩니다.

핵심 메시지 정하기

- 전체 프레젠테이션을 한 문장으로 줄인다면 무엇인가
- 청중이 꼭 기억했으면 하는 단 하나의 메시지는 무엇인가

청중을 파악한다

누구에게 프레젠테이션을 하는가

청중에 대해 크게 고려할 세 가지 요소는 청중의 규모와 해당 그룹의 배경, 태도입니다.

청중 파악하기

- 규모

  청중은 몇 명인가

- 배경

  청중은 분야의 전문가들인가, 일반인인가

- 태도

  청중이 특정 의견을 가진 집단인가, 그리고 참석한 계기는 무엇인가

몇백 명 앞에서 하는 연설과 대여섯 명을 두고 하는 발표는 '규모'에서 차이가 납니다. 또한 청중이 같은 분야의 종사자일 수도 있고, 전문지식이 없는 대중일 수도 있습니다. 이처럼 해당 주제에 대한 사전 지식과 전문성이 있는지 없는지에 따라 청중의 '배경'도 다릅니다. '태도'는 내가 할 프레젠테이션에 관해 청중이 어떤 편견이나 의견을 가졌는지를 의미합니다. 그리고 자발적으로 참석한 사람들과 의무적으로 오는 참가자의 참여 태도도 다를 수밖에 없습니다.

프레젠테이션을 통해 전달하고자 하는 핵심 메시지를 효과적으로 전달하려면 청중에 관한 더 세부적인 요소도 고려해야 합니다. 이를테면 청중이 처한 특정 상황이 있는가, 그들이 직면하고 있는 문제는 무엇인가, 그들의 니즈needs는 무엇인가, 등입니다.

청중 중에 핵심 그룹이 있는가

특히 청중 중에도 의사결정자인 핵심 그룹이 존재하는 경우가 많습니다. 그들이 누구인지 안다면 구성원에게 초점을 맞춰서 프레젠테이션합니다. 여기에 청중의 영어 실력도 변수로 작용합니다. 대부분 영어권의 네이티브 스피커인가 아니면 영어가 외국어인 사용자인가 등에 따라 프레젠테이션 준비도 달라집니다.

청중이 얻을 이익은 무엇인가

영어에 Put yourself in their shoes.라는 표현이 있습니다. '그들의 신발을 신어보라', 즉 청중의 입장이 되어보라는 것입니다. 사람들이 바쁜 외중에 프레젠테이션을 들어야 하는 이유가 무엇일지 생각해보세요. 발표자가 전달하고자 하는 메시지가 중요하지만, 그에 못지않게 청중이 원하는 것이 무엇인지 알아야 합니다.

> • WIIFM: What's in it for Me?
> "나와 무슨 상관이지?", "내가 얻을 수 있는 게 뭔데?"

WIIFM는 청중의 시각으로 이 프레젠테이션을 들어야 할 이유를 생각해볼 수 있는 좋은 질문입니다. 제품이나 서비스를 소개해야 하는 프레젠테이션을 준비할 때 스스로 이 질문을 한다면, 제품의 기능feature이나 사양specs과 더불어 청중이 얻을 수 있는 이익benefit도 부각할 수 있습니다. 다시 말해 This has(이건 ~이 있습니다) 사고를 You can(당신은 ~할 수 있습니다) 사고로 바꾸는 것입니다.

장소를 파악한다

언제 어디서 프레젠테이션을 하는가

앞에서 What, Why, Who를 고려했다면 이제 When과 Where도 따져봐야 합니다. 아침인가, 늦은 오후나 이른 저녁인가, 저녁식사 전인가 등 시간대에 따라 그룹의 활력과 에너지에서 차이가 납니다.

내가 직접 프레젠테이션 일정을 정할 수 있다면 우선 일주일 분량의 업무 정리로 분주한 월요일과 업무 마무리로 바쁜 금요일은 피합니다. 시간대로는 되도록이면 졸음이 오는 오후는 피하고 아침 9시~10시경이 좋습니다. 가능한 점심시간 30분 전에는 프레젠테이션을 마무리하는 배려도 필요합니다.

장소 역시 마찬가지죠. 우선 방의 규모가 중요합니다. 대형 강당과 작은 방은 천지 차이입니다. 10명이 100명을 수용하는 강당에 모이는 것과 빼곡하게 앉아야 하는 작은 방에 모이는 느낌은 분명 다릅니다.

해당 장소에 간 적이 있는지 없는지도 또 하나의 요소입니다. 익숙한 곳과 새로운 곳의 차이는 나의 심리에도 크게 작용하지요. 그리고 장소에 따라 내가 직접 챙겨가야 할 물건이 없는지도 파악해야 합니다.

거리는 가까운가

거리도 생각해야 합니다. 그곳까지 어떻게 갈 것인가, 즉 대중교통을 이용할 것인가 또는 직접 운전할 것인가 등입니다.

발표자는 나뿐인가

때론 나 외에 다른 발표자들이 있는 상황이 발생하기도 합니다. 이럴 때 내가 몇 번째로 발표하는지, 내 차례는 몇 시인지를 확실히 파악하고 이에 맞게 준비합니다. 예를 들어, 첫 발표자라면 해당 주제를 처음 다루는만큼 제공해야 할 정보가 많을 수 있습니다. 반면, 앞에 다른 발표자가 있다면 중복될만한 내용은 생략하거나, 다른 발표자가 다루는 내용을 인용할 수도 있습니다. 평소 알고 지낸 사이의 발표자라면 직접 언급할 수도 있지요. 그리고 너무 늦은 오후에 차례가 오면 도입부에서 활발한 액티비티를 추가해서 청중의 집중력을 끌어올리는 전략을 쓸 수도 있습니다.

예정된 프레젠테이션이나 가장 최근에 준비했던 프레젠테이션을 생각하면서 3Ds의 첫 번째 D1: Define을 다음 표에 정리해봅시다.

목적 정의 **Purpose**	프레젠테이션의 배경은 무엇인가? -------- -------- 이 프레젠테이션의 목적은 무엇인가? -------- --------
청중 파악 **Audience**	누구에게 프레젠테이션하는가? -------- 청중이 얻을 이익은 무엇인가? -------- --------
장소 설정 **Venue**	언제 어디서 프레젠테이션을 하는가? -------- 발표자는 나뿐인가? -------- --------

▶ 정답은 없으니 편하게 써보세요.

목적, 청중, 장소를 조사할 때 쓰는 영어 표현

프레젠테이션의 목적을 정의하고, 청중과 장소를 파악해서 본격적인 준비를 시작합니다. 그러면서 필요한 정보나 자료를 동료나 외부 전문가에게 요청하게 되죠. 이럴 때 쓸 수 있는 필수 표현을 살펴보겠습니다.

먼저 프레젠테이션의 목적을 물을 때, 청중과 장소와 관련해서 질문할 때 사용할 수 있는 유용한 표현들입니다.

프레젠테이션의 목적

- What's the topic?
  주제가 무엇인가요?

- Is there anything specific you want me to mention?
  특별히 언급했으면 하는 것이 있나요?

- **Should I include** the history of our company?
  우리 회사 연혁도 **포함할까요?**

- How long should my presentation be?
  프레젠테이션 시간은 얼마로 할까요?

프레젠테이션의 청중

- Do you have a list of the participants?
  참가자 리스트가 있나요?

- Do you know how many people are attending?
  몇 명이 참가하는지 아세요?

- **Are they all from the same** company?
  다들 같은 회사에서 오나요?

- Should I prepare handouts?
  핸드아웃도 준비할까요?

프레젠테이션의 장소

- Where am I making the presentation?
  어디에서 프레젠테이션을 하게 되나요?

- Is it far from our office?
  우리 사무실에서 먼 가요?

- **Do I need to** drive **over there?**
  거기까지 차를 타고 가야 하나요?

- Will there be other presenters?
  다른 발표자들이 있나요?

**자료를 수집할 때
쓰는 영어 표현**

허락 구하기

내 것이 아닌 자료는 사용할 때 저작권에 대해 허락을 받아야 합니다. 그럴 때 쓰는 표현도 알아봅시다.

- **Can I use** the photos from the project **for a presentation?**
  프로젝트 사진을 프레젠테이션에 써도 될까요?

- **Would you mind if I used** some of your slides **for my presentation on** Tuesday?
  당신의 슬라이드 일부를 저의 화요일 프레젠테이션에 써도 괜찮겠습니까?

- **Could I get your permission to use** an illustration from your book **for my presentation?**
  귀하의 책에 나오는 그림을 제 프레젠테이션에서 사용할 수 있도록 허락해주시겠습니까?

자료나 정보 요청

- **Do you have** the sales figures for July and August?
  7월과 8월의 판매 수치 가지고 있으세요?

- **Are you familiar with** the 3D printer market in Germany?
  독일의 3D 프린터 시장에 대해 잘 아시나요?

- **Who can I talk to about** the Philips project?
  Philips 프로젝트에 대해 누구하고 얘기하면 될까요?

기타 요청

- **Could you** take some photos of the new store?
  새 매장에서 사진 좀 찍어주시겠어요?

- **Can you ask** Joe for the specs for the new model?
  Joe에게 새로운 모델의 제품사양서를 요청할 수 있나요?

- **If you could** do some research on this, **it'd be great.**
  이거에 대한 자료조사를 좀 해주시면 감사하겠습니다.

DAY
03
준비하기

핵심강의 03

002.mp3

Focus On

오늘 배울 핵심 주제입니다

D2: DEVELOP
프레젠테이션 당일 확인사항

Find Out

시작하기 전에 생각해보세요

중요한 내용을 반복해서 말하면 효과적인가
PVR은 무슨 뜻인가
카드는 어떤 사이즈가 적합한가
프레젠테이션 당일에는 언제 도착하는 것이 좋은가

D2: DEVELOP
발전, 정보 수집, 자료 작성

두 번째 단계 D2는 Develop입니다. Develop은 Define에서 작성한 목적 설정, 청중 파악, 장소와 날짜 설정을 토대한 자료 수집 및 정리, 프레젠테이션 설계, 반복 연습 등 실제 프레젠테이션 전까지의 모든 준비를 뜻합니다.

메시지를 체계화한다

정보를 수집한다

먼저 프레젠테이션을 위해 어떤 정보와 자료가 필요한지 브레인스토밍합니다. 그런 다음 이미 가지고 있는 자료가 무엇인지 파악해서 정리하고, 없는 자료는 수집합니다. 필요한 통계나 숫자 등 정보 수집은 프레젠테이션을 준비하는 동안 수시로 이루어집니다. 정보 수집에는 D1에서 설정한 핵심 메시지가 가이드가 됩니다.

여기서 주의할 점이 있습니다. 수집한 자료가 핵심 메시지를 뒷받침하지 못한다면 과감하게 잘라내야 합니다. 흥미롭거나 수집에 들인 노력이 아깝다는 이유로 언급하지 않도록 하세요.

아웃라인을 만든다

이제 아웃라인(개요)을 만들 차례입니다. 핵심 메시지를 지지할 근거와 사례, 스토리 등을 종합 정리해서 소주제(또는 하위 주제)를 설정합니다. 소주제가 많으면 잘 기억하지 못하기 때문에 최대 3개로 정하는 것이 좋습니다.

아웃라인을 만들 때 유용한 방법 중 하나는 점착 메모지를 사용하는 것입니다. 먼저 벽이나 화이트보드에 핵심 메시지에 따라 소주제 3개를 써서 붙이고, 수집한 자료를 그 아래에 붙이고, 필요에 따라 위치를 바꿔가며 먼저 큰 밑그림을 만드세요.

이 방법은 프레젠테이션에 포함할 내용을 브레인스토밍하는 단계에서도 유용합니다.

**슬라이드는
밑작업 먼저**

슬라이드 구성은 손으로 직접 작성한다

프레젠테이션의 아웃라인을 잡고 나면 바로 파워포인트 작성에 들어가는 경우가 있습니다. 하지만 그 전에 노트 등에 슬라이드에 담을 디자인을 먼저 스케치해보는 것이 좋습니다. 이 단계를 아날로그analog 모드라고 부릅니다. 영화감독이 카메라로 찍기 전에 필요한 장면을 먼저 스토리보드에 스케치하는 것처럼 프레젠테이션의 스토리보드를 만든다고 생각하면 됩니다.

손으로 쓴 내용을 기반으로 슬라이드를 만든다

스케치와 내용을 만족할 만큼 구성했다면 파워포인트에 옮깁니다. 이 단계를 디지털digital 모드라고 부릅니다. 디지털 모드로 들어가면 스케치한 내용이 생략, 추가, 확장되는 과정을 거칩니다. 이때 쓸 서체, 사진, 그래프 등은 뒤에서 자세하게 다루겠습니다.

**카드에 내용을
요약한다**

두껍고 단단한 종이로 카드를 준비한다

카드는 프레젠테이션의 주요 내용을 적은 종이로, 앞에서 작성한 노트와 다릅니다. 주로 프레젠테이션의 진행에 필요한 간략한 문구를 순서대로 적은 작은 종이 뭉치로, TV 방송에서 진행자가 들고 있는 큐카드가 바로 같은 역할을 하는 것입니다. 분량이 길고, 청중이 많은 프레젠테이션일수록 카드를 준비하는 것이 좋습니다. 카드는 손에 잘 쥐어지는 크기로, 124mm x 80mm에서 150mm x 104mm가 알맞습니다. 종이는 두껍고 단단한 것으로 준비하세요.

주요 내용만 간추려 적는다

카드에 내용을 전부 적는 게 아니고 내 기억을 돕기 위한 부분만 적습니다. 필요하면 그림을 그릴 수도 있고 다양한 색깔을 써도 좋습니다. 발표 중 카드를 떨어뜨릴 때를 대비해 노트 모서리에 페이지 번호를 적습니다.

진행 중에는 카드가 대본이다

프레젠테이션 현장에서는 예상치 못한 일이 종종 벌어집니다. 일정에 차질이 생겨 일찍 마무리해야 하거나 프로젝터가 고장 나기도 하죠. 이럴 때 카드가 매우 유용합니다. 프레젠테이션 상황에 따라 카드를 버리거나 위치만 바꾸면 일부는 생략하거나 순서를 바꿀 수 있어서 슬라이드 없이도 진행할 수 있도록 도와줍니다.

**소요 시간을
계산한다**

시간에 내용을 맞춘다

슬라이드를 모두 준비한 후에 시간을 재는 게 아니라 정해진 시간에 따라 슬라이드를 준비해야 합니다. 정해진 제한 시간이 없더라도 배경과 상황, 장소 등 여러 요소를 고려하여 시간을 설정하고 내용을 준비하는 것이 좋습니다. 요즘 TED 강연이나 신제품 발표회의 시간을 생각해보면 중요한 주제 하나에 사람들이 집중할 수 있는 시간은 생각보다 짧습니다.

프레젠테이션 시간을 예측한다

프레젠테이션을 10분짜리라고 가정하고 내용별로 배정되는 시간을 한번 살펴볼까요? 다음은 일반적인 프레젠테이션 시간 배분표입니다. 상황과 주제, 개인 성향에 따라 다를 수 있습니다.

총 10분	1분	도입부		
	6분	본론	소주제 1	2분
			소주제 2	2분
			소주제 3	2분
	1분	결론		
	2분	Q&A		

영어 네이티브는 1분당 125~150단어를 말한다고 하는데요, 영어가 모국어가 아닌 사람에게는 다소 빠른 속도입니다. 자신의 말하기 속도를 체크해보고 자신만의 시간 배분표를 계산해두는 것도 방법입니다.

리허설을 반복한다

리허설은 필수다

프레젠테이션을 들을 사람들이 가까운 팀원들이라도 머릿속으로만 연습하지 말고 실제로 소리를 내서 리허설을 반복하는 것을 권합니다.

가까운 사람을 적극적으로 이용하라

대외적으로 큰 발표를 앞두고 있다면 동료와 친구, 가족 앞에서도 연습하면 좋습니다. 낯선 사람 앞에서 하는 것보다 좀 더 부끄러울 수 있지만 실제 프레젠테이션에는 큰 도움이 됩니다. 혼자서 거울 앞에서 해보거나 카메라나 스마트폰으로 자신을 촬영해서 보는 것도 좋은 방법입니다. 아주 중요한 프레젠테이션이라면 그날 입을 옷까지 차려입고 드레스 리허설까지 여러 번 해보세요. 제스처와 목소리, 슬라이드도 모두 사용해서 하는 것이 중요합니다.

청중과 분위기에 맞는 영어를 사용한다

캐주얼한 영어를 사용한다

일반적으로 프레젠테이션 영어는 캐주얼한 편이 좋습니다. 앞에서도 언급했지만, 프레젠테이션 스타일은 스티브 잡스 전과 후로 나뉩니다. 그의 언어는 심플했지만 확실한 임팩트가 있었습니다. 스티브 잡스 이후로는 그의 스타일이 사실상 프레젠테이션의 기준이 된 만큼 청중도 편한 언어를 기대합니다. 물론 학술 발표 같은 '점잖은' 상황에서는 비교적 격식을 차린 언어를 사용하기도 합니다.

청중을 고려해서 일반적인 용어로 말한다

프레젠테이션하는 내용은 주로 발표자의 전문 분야인 경우가 많습니다. 그러나 청중이 분야의 전문가 집단으로만 이루어진 경우를 제외하고는, 전문용어 사용을 가능한 피하고 불가피할 때는 뜻을 알려주는 것이 좋습니다. 일반 청중은 모르는 단어나 표현이 반복적으로 나오면 한눈을 팔기 마련입니다. 프레젠테이션 준비에서 청중을 파악하는 일이 중요한 이유이기도 합니다.

**핵심 메시지는
다양하게 반복한다**

반복해서 메시지를 각인한다

반복은 영어 프레젠테이션 같은 비즈니스 커뮤니케이션에서는 필수입니다. 청중에게 주요 포인트들을 적어도 세 번은 언급하는 것을 원칙으로 합니다. 프레젠테이션 중에 핵심 주제를 세 번 언급하는 방법은 다음과 같습니다.

PREVIEW (도입부)	〈예고〉 발표할 내용을 미리 언급 **I will say this.** "저는 이것을 말할 겁니다."
VIEW (본론)	〈본론〉 준비한 내용 발표 **I am saying this.** "제가 말하겠다고 한 것이 이겁니다."
REVIEW (결론)	〈요약〉 발표한 내용 다시 한번 언급 **I said this.** "저는 이것을 말했습니다."

**핵심 메시지에
집중한다**

청중에게 되도록 많은 것을 전달하고 싶은 욕구는 누구에게나 있기 마련입니다. 하지만 프레젠테이션은 맛집과 같습니다. 맛집은 딱 몇 가지 요리만으로 승부를 거는 반면, 끼니만 때울 식당은 다양하지만 특징 없는 메뉴가 수두룩하죠. 핵심 메시지에 부합하는 몇 가지 핵심 요소에 집중해서 깊게 다뤄야 하는 까닭입니다.

프레젠테이션 당일
확인 사항

**프레젠테이션
당일에 현장에서
확인할 사항**

프레젠테이션 당일, 카운트다운은 시작됐습니다. 늦어도 30분 ~ 1시간 일찍 도착해서 준비해 놓아야 합니다. 프레젠테이션 주최측에서 노트북과 프로젝터 등을 준비하기로 했더라도, 미리 가서 심리적으로 그리고 물리적으로 '그' 방을 '내' 방으로 만드세요.

프레젠테이션하는 동안 발표자는 이 장소의 주인입니다. 따라서 자신의 프레젠테이션에 필요한 모든 요소를 직접 통제해야 프레젠테이션이 깔끔하고 부드럽게 진행됩니다.

책상과 의자

테이블이나 의자는 관리하는 사람이 정한 규칙대로 배치된 경우가 대부분입니다. 나의 프레젠테이션에 알맞게 다시 재배치하면서 불필요한 테이블이나 여분의 의자는 정리해서 되도록 안 보이는 곳에 두어야 청중도 앉기 편하고 발표자도 집중이 됩니다.

조명과 온도

조명 스위치가 어디 있는지 확인합니다. 여러 스위치를 켰다 껐다 조절하면서 원하는 조명 환경을 만듭니다. 보통 스크린이 있는 앞에만 조명을 낮추고 청중이 메모를 할 수 있도록 나머지 조명은 그대로 두는 것이 좋습니다. 청중의 시선이 자꾸 창밖 풍경에 간다면 발표자에게 집중하도록 창문 쪽 커튼이나 블라인드도 조절합니다.

온도 조절기 위치도 확인하고 너무 덥거나 춥지 않도록 조절합니다. 참고로 너무 더우면 졸음이 오니 겨울이라도 적절한 온도를 유지합니다.

스크린과 프로젝터, 노트북

스크린이 잘 내려와 있는지 확인하고 스위치를 직접 작동해봅니다. 프로젝터와 컴퓨터, 혹은 노트북이 잘 호환되는지 확인합니다. 리모컨이 잘 작동되는지 확인하고, 사용할 슬라이드를 슬라이드쇼 모드에서 재생해봅니다. 확인이 모두 끝나면 스크린에 첫 슬라이드를 띄워 놓습니다.

나만의 프레젠테이션 키트

보통 강당이나 강의실, 회의실 자체에는 화이트보드 마커, 프레젠테이션 리모컨, 종이 등이 갖춰져 있지만, 때론 준비되어 있지 않거나 작동이 안 되는 경우가 있습니다. 이를 대비해 프레젠테이션에 필요한 준비물을 직접 챙겨가는 것을 권장합니다. 마커는 검정색을 포함 두 가지 색 이상을 준비하세요.

넓은 장소의 좌석 배치

큰 방이거나 무대가 있는 강당이면 서로 모르는 청중은 여기저기 띄엄띄엄 앉는 경우가 많습니다. 프레젠테이션의 집중도가 떨어질 수 있으니 가능한 앞으로 모여서 서로 가까이 앉도록 좌석을 배치합니다. 가까이 앉으면 좀 더 활기찬 분위기를 만들고, 청중과 발표자 모두 집중하기 좋습니다.

**발표 현장에서
유용한 영어 표현**

프레젠테이션 당일에 업체 담당자나 장소 관리자는 현장에 있을 가능성이 높습니다. 나에게 맞는 분위기와 환경을 조성하기 위해서 해당 장소에 관한 안내나 각종 세팅에 관한 도움을 그들에게 요청할 수 있습니다. 이럴 때 쓸 수 있는 표현들을 살펴보겠습니다. 우선 상대방의 연락처를 묻는 표현부터 시작합니다.

연락처 묻기

- If I need help, how can I reach you?
  제가 도움이 필요하면 어떻게 연락하면 될까요?

- Could I have your number just in case I need help?
  혹시 제가 도움이 필요할지도 모르니까 전화번호를 좀 알 수 있을까요?

- Will you be close by? I might need more help later.
  가까이 계실 건가요? 제가 나중에 도움이 더 필요할 수 있어서요.

가구와 도구

- Could you help me move the tables?
  테이블 옮기는 것 좀 도와주실 수 있나요?

- Can we take some of the tables and chairs to a different room?
  테이블이랑 의자 몇 개를 다른 방으로 옮길 수 있을까요?

- Would it be okay if I rearranged the tables?
  제가 테이블 위치를 바꿔도 괜찮겠습니까?

- Could I get another whiteboard[flip chart]?
  화이트보드[플립 차트] 하나 더 주실 수 있나요?

- Do you have extra markers I can use?
  제가 쓸 만한 마커펜이 더 있을까요?

조명과 온도, 기계

조명의 조작과 실내 온도를 조절하는 등 장소를 세팅하는 방법을 물어볼 때 쓰는 표현입니다. 프레젠테이션 파일을 열 컴퓨터와 프로젝터, 스크린 역시 체크해야 하므로 아래 표현을 알아두면 좋습니다.

- Where's the thermostat[light switch]?
  온도 조절기[조명 스위치]는 어디 있나요?

- Could you show me how to adjust the lighting[thermostat]?
  조명[온도 조절기] 조정 방법을 알려 주시겠어요?

- It's a bit cold[hot] in here. Can we adjust the temperature a little?
  안이 좀 춥네요[덥네요]. 온도 좀 조절해주실 수 있나요?

- How do I lower[raise] the screen?
  스크린을 어떻게 내리나요[올리나요]?

- How do I work the microphone?
  마이크는 어떻게 작동시키죠?

- How do I turn on the speakers?
  스피커는 어떻게 켜죠?

- Could you tell me how to use the computer[projector]?
  컴퓨터[프로젝터] 작동 방법 좀 알려 주시겠어요?

- Can these windows be closed[opened]?
  이 창문 닫을[열] 수 있을까요?

- Is there an extension cord I can use?
  제가 쓸 수 있는 연장 코드가 있을까요?

- Do you have the password for this?
  여기 필요한 비밀번호를 아시나요?

- What's the password for the wifi?
  와이파이 비밀번호가 어떻게 되죠?

위치 묻기

- Where are the closest restrooms?
  가장 가까운 화장실이 어디 있나요?

- Where's the water cooler?
  냉수기는 어디 있나요?

- Is there a photocopier nearby?
  근처에 복사기가 있나요?

- Are there any vending machines nearby?
  근처에 자판기가 있나요?

- Is there a convenience store in the building?
  건물 안에 편의점이 있나요?

- Where's the smoking area?
  흡연구역은 어디 있나요?

참가자들에게 안내하기

프레젠테이션을 시작하기 전에 청중에게 미리 필요 사항을 안내하면 발표를 진행하기가 수월합니다.

- Could I ask you all to sit up front?
  모두 앞쪽으로 앉으실 수 있을까요?

- Excuse me, would you mind sitting here?
  괜찮으시면, 여기 앉아주시겠어요?

- Maybe you could sit over there?
  저쪽에 앉아 주실 수 있을까요?

- I'm trying to get everyone closer to the front.
  모두 앞쪽으로 더 가까이 오도록 하고 있습니다.

- If you could all put your phones on vibrate, it'd be great.
  모두 전화기를 진동으로 해주시면 감사하겠습니다.

시작 전에 청중의 주목 끌기

시간이 허락한다면 발표를 시작하기 전에 가벼운 대화를 나누면서 청중과 더욱 친밀한 분위기를 만들 수 있습니다. 그러면 발표에 대한 집중도가 높아질 수 있습니다.

- **Are you all from** ABC Corp?
  여러분 모두 ABC사에서 오셨나요?

- **Who's from** the accounting team?
  회계팀에서 오신 분?

- Anyone from out of town?
  이 도시가 아닌 곳에서 오신 분 있나요?

- It's nice out today, isn't it?
  오늘 밖에 날씨 좋죠?

- Is it still raining[snowing] outside?
  아직도 밖에 비가[눈이] 오고 있나요?

- If it feels too hot[cold] in here, please let me know.
  안이 너무 더우면[추우면] 말씀하세요.

- **Did anyone take** the train **here?**
  기차를 타고 오신 분 있나요?

- How was traffic?
  교통상황은 어땠나요?

- **Does anyone need** a pen?
  펜 필요하신 분 있나요?

- **There are some spare** notebooks up here **if anyone needs one.**
  필요하신 분 있으면 여기 앞에 여분의 노트가 좀 있습니다.

- **We'll start in** ten **minutes.**
  10분 후에 시작하겠습니다.

DAY
04

시각자료
이해하기

핵심강의 04

Focus On

오늘 배울 핵심 주제입니다

슬라이드는 문서가 아니다
다양한 시각자료를 사용한다
시각자료를 효과적으로 구성한다

Find Out

시작하기 전에 생각해보세요

문서와 슬라이드는 어떻게 다른가
청중이 슬라이드의 내용을 몇 초 안에 파악하면 좋은가
한 슬라이드 안에 몇 줄이 적절한가
디자인에서 bleed는 무슨 뜻인가

슬라이드는
문서가 아니다

**문서와 슬라이드는
다르다**

실제로 청중 앞에서 진행하는 프레젠테이션 자체를 의미하는 D3(DELIVER)로 들어가기 전에, Day 4부터 Day 7까지는 시각자료에 대해 살펴보겠습니다. Day 1에서도 언급했듯이 비주얼 요소는 비즈니스 커뮤니케이션에서 상당한 역할을 합니다.

아래 이미지는 과연 슬라이드라고 할 수 있을까요? 이는 파워포인트로 리포트(보고서)를 작성했다고 밖에 볼 수 없습니다. 2000년대만 하더라도 이렇게 빼곡히 적은 슬라이드를 쉽게 볼 수 있었습니다. 어떤 발표자는 이런 슬라이드 한 장을 스크린에 띄우고 30분 동안 발표하기도 했습니다.

○ **좋지 않은 슬라이드 예시**   ‹ ›

OUTLOOK FOR Q4:
- We plan to do better on Q4 but need bigger budget.
- Hiring better pool of employees is needed.
- Plan on doing more seminars that are considered highly motivational
- We should also try flexible work hours.
- Doing a family outing for employees on a monthly basis might boost spirits.
- Employee evaluations should be done every month

얼마 전까지만 해도 파워포인트로 보고서를 작성하는 기업도 많았습니다. 하지만 보고서는 MS워드나 흔글 같은 워드프로세서 프로그램으로 작성하는 게 맞습니다. 문서를 가로로 늘려서 슬라이드를 만드는 게 아니라는 것 꼭 기억하세요.

나쁜 슬라이드는 안 쓰는 게 낫다

프레젠테이션의 큰 기준점을 만든 TED의 최고 책임자 크리스 앤더슨은 Having no slides at all is better than bad slides(슬라이드가 나쁘면 차라리 슬라이드가 없는 게 낫다).라고 했습니다. 가독성이 떨어지고 성의 없는 슬라이드를 만들 바에는 차라리 슬라이드 없이 발표자의 진행만으로 이끌어가는 프레젠테이션이 더 인상에 남습니다. 프레젠테이션 때마다 임팩트 있는 슬라이드를 썼던 스티브 잡스도, 가장 유명한 프레젠테이션은 연설로만 이루어진 2005년 스탠퍼드 대학교 졸업식 축사라고 할 수 있으니까요.

발표의 핵심만 담는다

짧고 간단한 슬라이드가 효과적이다

슬라이드 수는 딱 필요한 만큼만 씁니다. 글자로 꽉 찬 슬라이드를 여러 장 쓰는 건 좋지 않습니다. 고해상도 이미지가 한 장씩 담긴 슬라이드일 경우에는 여러 장을 연속으로 쓰는 것도 괜찮습니다.

바로 알아볼 수 있어야 한다

Keep it simple, stupid(간단하게 해, 바보야).를 뜻하는 KISS라는 약자가 있죠. 슬라이드는 복잡하지 않고 쉽게 바로 이해할 수 있어야 합니다. 청중이 3초 안에 내용을 파악할 수 있도록 슬라이드를 구성하세요. 그렇지 않으면 발표자의 말은 뒷전이고 슬라이드를 읽는 데만 집중하거나, 아예 발표를 듣지 않을 수도 있습니다. 궁금증을 유발하는 목적으로 이미지만 보여주더라도 이미지 자체는 무엇인지 확실히 알 수 있어야 합니다.

문장으로 작성하지 않는다

앞에서도 얘기했지만, 모든 내용을 완전한 문장 형태로 슬라이드에 넣지 마세요. 문장으로 쓰면 슬라이드가 아니라 문서가 되기 십상입니다. 이런 형태는 청중이 있는 프레젠테이션에는 적합하지 않습니다. 완전한 문장을 슬라이드에 빼곡히 적어서 그대로 읽는 건 프레젠테이션이 아닙니다.

다음 원칙을 상기하면서 프레젠테이션에 꼭 필요한 요소만 슬라이드에 담는 습관을 만들어 보세요.

파워포인트 슬라이드 사용 원칙	
1-6-6 규칙	• 각 슬라이드에 1개의 주제/개념만 포함한다 • 각 슬라이드에 6줄만 사용한다 • 각 줄에 6단어만 넣는다
단어와 구 사용	• 완전한 문장 대신 단어와 구를 쓴다 • 동사 또는 명사를 사용한다 • 불필요한 단어는 생략한다 (예: but, very, highly, really)
글의 일관성	• 시제를 통일한다 • 능동태를 쓴다 • 병치 구조를 사용한다 • 가능한 한 동작동사로 시작한다

발표할 때 주의 사항

슬라이드를 그대로 읽지 않는다

슬라이드의 내용을 단어 하나하나 그대로 읽지 마세요. 청중은 발표자의 말보다 슬라이드에 쓴 글을 더 빨리 읽습니다. 사람은 사실상 멀티태스킹이 가능하지 않기 때문에 눈으로 읽는 동안 귀로 다른 내용을 잘 듣지 못합니다. 단, 인용한 문장은 그대로 읽으세요. 슬라이드가 보여주는 것과 내가 하는 말을 다르게 하려면 슬라이드를 작성할 때부터 내용을 다 넣지 말고 핵심 표현과 이미지만 넣어야 합니다.

뒷모습을 보여주지 않는다

청중에게 뒷모습을 보여주지 않도록 주의하세요. 프레젠테이션을 시작하면 긴장해서 청중을 뒤로하고 화면을 쳐다보며 슬라이드를 읽어주는 경우를 종종 봅니다. 누구나 알고 있는 당연한 사실 같지만, 무대 위에서 자주 하는 실수이니 꼭 기억하세요.

레이저 포인터를 사용하지 않는다

최근에는 레이저 포인터를 사용하는 경우가 많이 줄었습니다. 대신 특정 부분을 강조할 때 확대 기능이나 도형으로 표시하는 기능이 있는 포인터 도구를 사용해보세요.

다양한 **시각자료**를
사용한다

슬라이드가 주인공이고 발표자는 도우미일까요, 발표자가 주인공이고 슬라이드는 발표 내용을 도와주는 도구일까요? 기억하세요. 발표자가 주인공이고 시각자료는 말 그대로 '도구'입니다.

**시각자료는
슬라이드만이
아니다**

프레젠테이션에서 보여주는 자료는 슬라이드에 국한되지 않습니다. 어쩔 수 없이 또는 의도적으로 슬라이드 없이 발표하거나 다른 툴을 사용할 수도 있습니다. 프로젝터가 없는 작은 방에서는 화이트보드나 플립차트에 주요 내용을 쓰고 그려가며 발표하는 것도 훌륭한 방법입니다. 유인물을 나눠주면 발표하는 중에 메모를 하거나 자료를 확인할 수도 있습니다.

때에 따라 소품을 사용해도 좋습니다. 이를테면 잠재적 고객에게는 제품을 직접 시연하는 것이 어떤 슬라이드보다 나을 수 있습니다. 스티브 잡스는 소품의 효과에 대해 잘 알고 있었습니다. 좋은 예로 2008년 새로운 맥북에어를 소개할 때 서류 봉투에서 끄집어 내면서 이 제품이 얇고 가볍다는 걸 보여주어 감탄을 자아냈습니다. 빌 게이츠는 2009년 TED 강의에서 말라리아에 관련된 발표 중에 청중에게 모기를 날려 보내기도 했습니다.

다양한 비주얼 툴

프레젠테이션에 쓰는 비주얼 툴로 아래와 같은 것이 있습니다. 영어로 어떻게 부르는지 알아두세요. 쉬운 단어 같지만 당일 현장에서 막상 떠오르지 않는 경우를 자주 봅니다.

유인물(handout, printout)
핸드아웃이나 '인쇄물'이라고도 하는데 파워포인트에서 출력할 때 옵션으로 나오는 유인물과는 다른 뜻입니다. 제본되지 않은 상태로 배포할 수도 있으나 흔히 스테이플러를 찍거나 제본합니다.

마커펜(whiteboard marker, dry-erase marker, dry marker)

화이트보드(whiteboard)나 OHP에서 사용하는, 지울 수 있는 잉크(erasable ink)를 사용한 마커를 뜻하며 검정색을 비롯해 빨간색과 파랑색도 자주 쓰입니다.

프레젠테이션 리모컨((wireless) presenter remote)

USB 수신기를 컴퓨터 포트에 꽂아 작동하며, 보통 AAA 건전지를 사용하는 리모컨 형식의 장치입니다. 화면의 페이지나 슬라이드를 앞뒤로 넘길 수 있고, 블랙 스크린 모드와 풀 스크린, 레이저 포인터 기능 등이 들어 있습니다.

플립차트(flipchart)

플립차트는 다른 말로 궤도라고 부르며, 이동 가능한 수직 칠판대에 위로 넘길 수 있게 한 포스터 사이즈 종이 묶음을 걸 수 있게 되어 있습니다. 보통 회의실이나 강의실에서 볼 수 있으며 마커펜으로 종이에 직접 쓰거나 그릴 수 있고 종이의 윗부분은 쉽게 뜯어낼 수 있도록 되어 있습니다.

발표에 맞춰 슬라이드를 넘긴다

슬라이드도 타이밍이 중요합니다. 단순한 이미지 슬라이드가 아니라면 새 슬라이드를 띄운 다음에 약 3~5초를 기다리세요. 청중이 해당 내용을 파악할 시간을 주는 겁니다. 내용 파악이 되면 청중은 자연스레 발표자에게 집중하게 됩니다.

또한 슬라이드 내용과 관련 없는 말을 할 때나 청중의 주의를 잠시 오직 나에게만 집중시키려면 슬라이드를 까만 화면으로 만드세요. 슬라이드를 만들 때부터 까만 슬라이드를 삽입하거나 발표 중에 키보드에서 B[ㅠ]버튼을 누르면 까만 화면으로 바뀝니다.

3초 규칙을 기억한다
새로운 슬라이드가 올라오면 청중이 3초 안에 내용을 파악할 수 있어야 한다. 아니면 내가 하는 말은 무시한 채 슬라이드의 뜻을 이해하는 데만 집중하게 된다.

시각자료를
효과적으로 구성한다

**슬라이드 3원칙을
지킨다**

효과적인 슬라이드의 세 가지 조건은 다음과 같습니다. 첫째, 텍스트(글자)와 그래픽 (이미지)이 간결하고 제목이 잘 보여야 합니다. 둘째, 이미지가 내용에 적합해야 합니다. 셋째, 영어 단어 철자가 정확해야 합니다. 의외로 쉬운 영어 단어를 잘못 쓸 때가 많습니다. 이미지에만 집중하다 보면 간과하기 쉬운 부분이니 꼭 기억하세요.

내용은 간결하게

앞에서도 말했지만, 슬라이드 한 장에는 하나의 개념이나 주제만 담습니다. 그리고 내용에 도움이 안 되는 단어는 과감하게 생략합니다. 특히 really, very, highly와 같은 부사는 슬라이드에 쓰지 말고, 내용을 발표할 때 말로 하는 것이 좋습니다. 완전한 문장을 쓰지 않는 것이 원칙이기 때문에 마침표, 느낌표 같은 문장부호도 쓰지 않습니다. 경우에 따라 물음표를 사용하는 것이 유용할 때가 있는데, 이때만 예외입니다.

**제목은 광고
카피처럼**

프레젠테이션 슬라이드 제목은 기사의 헤드라인이나 광고의 메인 카피 역할을 합니다. 이를 염두에 두고 작성하면 도움이 됩니다. 해당 슬라이드가 어떤 내용을 담고 있는지 내용을 파악할 수 있는 제목이 좋습니다.

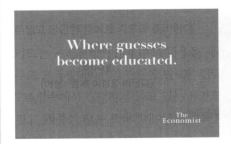

**고해상도 이미지를
쓴다**

깔끔하고 세련된 사진을 여러 사이트에서 무료로 사용할 수 있습니다. 사진을 쓸 때 몇 가지 염두에 둘 것이 있습니다. 먼저 고해상도 사진을 써야 합니다. 더불어 일관성이 중요한만큼 전체 프레젠테이션 슬라이드 세트에 스타일과 느낌이 비슷한 사진들을 쓰는 것이 좋습니다.

슬라이드 한 장에 한 주제를 다룬다는 원칙으로, 사진도 슬라이드당 한 컷만 쓰는 것을 권합니다. 그리고 사진을 액자나 박스 처리하는 것보다 슬라이드 전체에 사진을 채웁니다. 잡지에서처럼 이미지를 가장자리까지 꽉 채우는 방법으로, 이미지를 가장 깔끔하게 보여줄 수 있습니다. 이것을 영어로 bleed라고 합니다

테두리 사용   **꽉찬 화면**

텍스트는 이미지와 대비되는 색깔로 넣는다
텍스트는 이미지 안에 적절하게 배치합니다. 이때 이미지의 어두운 부분에 텍스트를 넣을 때는 흰색 같은 밝은 색으로, 밝은 부분에 텍스트를 넣을 때는 어두운 색이나 테두리를 사용하여 가독성을 높입니다.

고화질 이미지 무료 자료를 사용한다
고해상도 사진 사용이 많아지면서 청중의 기대치도 높아졌습니다. 아래 사이트에서 무료로 고품질 이미지를 받을 수 있습니다.

- unsplash.com
- pexels.com
- pixabay.com

1 ✎

사진을 보고 질문, 구, 단어 세 가지 방법으로 주제를 만들어 보세요.

[보기]

질문 Who are your friends?

구   Your Friends

단어 Friends

질문 _____

구   _____

단어 _____

질문 _____

구   _____

단어 _____

질문 _____

구   _____

단어 _____

출처: unsplash.com

▶ 정답: 151 p

2 ✏️

아래 문장을 슬라이드 제목에 맞는 간단한 구로 만들어보세요.

[보기]

People really enjoy hanging out with friends.
사람들은 친구와 어울리는 걸 정말 좋아합니다.

Hanging Out with Friends 친구와 놀기

---

1. This chart shows the number of smokers in OECD member nations.
    이 차트는 OECD 회원 국가들의 흡연자 수를 보여줍니다.

---

2. Sales of jackets have been on the rise.
    재킷 판매 매출이 늘고 있습니다.

---

3. This shows the pros and cons of using an electric stove.
    이건 전기레인지 사용의 장단점을 보여줍니다.

4. Let's look at the obesity rates of Americans and South Koreans.
미국인과 한국인의 비만 비율을 비교해봅시다.

5. There is an incredible variety of ice cream flavors.
믿기 어려울 정도로 다양한 아이스크림 맛이 있습니다.

6. You'd be surprised how many import cars were sold in Korea last year.
작년에 한국에서 외제차가 얼마나 팔렸는지 알면 놀라실 겁니다.

7. We need to look at each of the three construction sites in Busan.
부산에 있는 건설현장 세 곳을 모두 살펴봐야 합니다.

8. How do you like these new designs for the delivery boxes?
이 새로운 택배 상자 디자인들을 어떻게 생각하세요?

9. Maybe we should discuss the budget for next year.
내년 예산에 대해 논의하는 것이 좋을 것 같습니다.

---

10. Take a look at this month's best sellers.
이번 달 베스트셀러들을 한 번 보세요.

▶ 정답: 151 p

DAY
05

시각자료 만들기 01

핵심강의 05

Focus On

오늘 배울 핵심 주제입니다

병치 구조로 일관성을 유지한다
대문자와 문장부호를 적절히 사용한다

Find Out

시작하기 전에 생각해보세요

리스트를 열거할 때 어떤 품사로 시작하는 게 좋은가
관사는 꼭 써야하는가
슬라이드 제목에서 대문자는 언제 적용하는가
글머리 기호에서 대문자는 어떻게 사용하는가
슬라이드에서 문장부호는 언제 쓰는 것이 적절한가

병치 구조로
일관성을 유지한다

병치 구조Parallelism는 같은 글 안에서 동일한 문법 구조를 가진 유사 어구가 연결되는 것을 말합니다. 다른 말로는 병렬구조라고 하지요. 슬라이드는 전달력이 중요하기 때문에 짧은 문장으로 작성하는 경우가 많습니다. 이때 병치 구조를 사용하면 이해하기 쉬워 전달력이 높아집니다.

**같은 품사를
사용한다**

슬라이드에서 항목을 열거할 때는 같은 품사를 사용해서 일관성uniformity을 유지하세요. 프레젠테이션뿐만 아니라 이메일이나 리포트 등 다른 커뮤니케이션 매체에서도 리스트를 보여줄 때는 이 같은 병치 구조를 사용하는 것이 깔끔하고 보기 좋습니다. 프레젠테이션에서는 문장을 시작할 때 주어를 쓰지 않고 주로 동사로 시작하거나 명사로 시작합니다. 제품의 특징을 소개할 때는 '쉬운', '가벼운' 등과 같이 특징을 바로 알 수 있는 형용사를 사용하는 것이 효과적입니다.

동사로 시작하기	명사로 시작하기
• **Review report** 리포트 검토 • **Plan strategy** 전략 기획 • **Create new theme** 새로운 테마 창출	• **Report** 리포트 • **Strategy** 전략 • **Theme** 테마

1-6-6 규칙

Day 4에서 슬라이드마다 여섯 줄을 넘기지 않는 것이 좋고, 각 줄마다 최대 여섯 단어 정도만 쓰는 것을 권장했습니다. 앞에 나온 예시를 확장해서 써보겠습니다. 이때 관사는 생략해도 좋습니다.

- **Review Marketing's 20xx marketing study report**
  마케팅 부서의 20xx년 시장조사 리포트 검토

- **Plan 20xx marketing communications strategy**
  20xx년 마케팅 커뮤니케이션 전략 기획

- **Create new marketing theme for Asia**
  새로운 아시아 마케팅 테마 창출

1 ✏️

다음은 특정 기관과 기업이 과거에 실제로 사용했던 슬로건입니다. 슬라이드 문구의 품사를 일치시켜서 병치 구조를 맞춰보세요. A, B, C 중 수정할 것이 없는 것도 한 개 있습니다.

[보기]

한국도로공사

Excellence	▸ Excellent
Exciting	▸ Exciting
Expert	▸ Expert

KORAIL

A

Smile	▸
Smart	▸
Speed	▸

---

dima
동아방송예술대학교
DONG-AH INSTITUTE OF MEDIA AND ARTS

B

Sparkling	▸
Unique	▸
Alive	▸
Passion	▸

GS

C

Friendly	▸
Fresh	▸
Fun	▸

▸ 정답: 151 p

2 다음 슬라이드 문구의 품사를 병치 구조에 맞게 하나로 일치시켜보세요. 아래 한글 번역을 참고하세요.

Next Steps
- We should set up another meeting.
- Discuss the agenda
- The plan should be implemented.

다음에 할 일
- 다른 미팅 잡기
- 안건 논의하기
- 계획 시행하기

Next Steps
- --
- --
- --

▶ 정답: 152 p

대문자와 문장부호를
적절히 사용한다

프레젠테이션은 물론 이메일 같은 글로 하는 비즈니스 커뮤니케이션에서 영어를 쓸 때 자주 하는 실수들은 기초적인 영어 글쓰기 요령이 부족해서 생기는 경우가 많습니다. 프레젠테이션에서 쓰는 슬라이드는 시각자료의 특성상 청중의 기억에 오래 남을 수 있습니다. 그래서 슬라이드를 작성할 때 기본 글쓰기 규칙은 꼭 지켜서 쓰도록 노력하는 것이 중요합니다. 규칙은 처음 익힐 때 제대로 알아두는 것이 좋은 습관으로 남습니다.

대문자는 필요한 곳에만 쓴다

올(ALL) 대문자는 금물이다

한 줄이나 한 표현, 또는 한 문장에 속한 모든 글자를 대문자로 쓰는 것은 피합니다. 이는 프레젠테이션 슬라이드는 물론, 보고서나 이메일 같은 모든 문서에 적용되는 원칙입니다. 가독성이 낮을뿐더러 지나치게 모든 텍스트를 강조하는 느낌을 줄 수 있기 때문에 비즈니스에는 적절하지 않습니다.

> 통근의 장단점
> X PROS AND CONS OF COMMUTING
> ○ Pros and cons of commuting
> ○ Pros and Cons of Commuting

슬라이드 제목에서 단어의 첫 글자는 모두 대문자로 쓴다

슬라이드 맨 위에 배치하는 제목^{title}에서 단어의 첫 글자는 대문자로 씁니다. 단, 접속사는 예외입니다.

> ○ Pros and Cons of Commuting
> X Pros And Cons Of Commuting

리스트에서는 첫 글자만 대문자로 쓴다

글머리 기호를 포함한 리스트에서는 각 줄마다 첫 글자만 대문자로 씁니다. 고유명사의 첫 글자는 물론 대문자로 씁니다.

- Increase sales 매출 늘리기
- Cut expenses 지출 절감하기
- Maximize profits 이익 극대화하기

문장부호는 생략한다

프레젠테이션 슬라이드에서는 마침표나 느낌표 같은 문장부호를 찍지 않는 것이 일반적입니다. 간혹 완전한 문장을 길게 써야 할 때는 사용하기도 하지만, 슬라이드에서는 주로 짧은 문구나 문장을 쓰기 때문에 원칙적으로 문장부호를 사용하지 않습니다.

X Increase sales.
○ Increase sales

메시지를 효과적으로 전달하기 위해서는 물음표는 쓰기도 합니다. 이는 물음표에 국한된 내용이며, 일반적으로 느낌표나 마침표는 사용하지 않습니다.

- True or false?
- Better or worse?

애니메이션 기능으로 다이내믹한 프레젠테이션을 구성한다
슬라이드에서 리스트를 열거할 때 메뉴에서 '애니메이션' 기능을 사용하면 청중에게 생동감을 주는 발표를 할 수 있다. 리스트를 보여줄 때는 한 번에 보여주지 않고 각 항목이 한 번에 하나씩 나오도록 설정해보자. 그외에도 프레젠테이션의 〈애니메이션〉 탭에서 다양한 효과를 선택할 수 있다. 다만 과도한 애니메이션은 흐름을 방해할 수 있으니 주의한다.

3 ✎ 다음 슬라이드는 문장을 길게 사용해 프레젠테이션에 적합하지 않습니다. 문장 부호를 사용하지 않도록 짧은 문장으로 바꾸고 병치 구조를 지켜 다시 작성하세요. 각 줄의 단어 수가 6개가 넘지 않도록 빈칸을 채워보세요.

◯   ⟨ ⟩

OUTLOOK FOR Q4:
· We plan to do better on Q4 but need bigger budget.
· Hiring better pool of employees is needed.
· Plan on doing more seminars that are considered highly motivational.
· We should also try flexible work hours.
· Doing a family outing for employees on a monthly basis might boost spirits.
· Employee evaluations should be done every month.

Q4의 전망:
· Q4에는 더 좋은 성과를 낼 계획이지만 더 많은 예산이 필요합니다.
· 더 나은 직원들을 채용하는 것이 필요합니다.
· 동기부여가 잘될 만한 세미나를 더 많이 개최할 준비를 하세요.
· 유연근무제도 시도해봐야 합니다.
· 월별로 직원들을 위해 가족 야유회를 진행하면 사기를 북돋울 수도 있습니다.
· 매달 업무평가서를 작성해야 합니다.

Q4 Action Plan

· Increase department budget

· Hire _____

· Offer _____

· Develop policies in _____

· Create _____

· Evaluate _____

▶ 정답: 152 p

4

다음에 나오는 슬라이드는 Problems(문제점)와 Solutions(해결책)가 뒤섞여 알아보기 어렵습니다. 병치 구조에 맞게 불필요한 단어는 생략하고 항목당 6개 단어 아래로 고쳐보세요. 참고로, 슬라이드를 구성할 때 Problems의 첫 단어들은 형용사로, Solutions의 첫 단어들은 동사로 쓰면 문제점과 해결책을 적절하게 표현하기 좋습니다.

Problems and Solutions
- Finding new revenue sources is one possible solution.
- Since the first half of last year, the world economy has been stagnant.
- Our division's performance has been poor.
- One of the problems is that our expenses are too high.
- Cutting expenses and costs is a good solution.
- Thus, we should hire more specialized engineers.

문제점과 해결책
- 새로운 수입원을 모색하는 것이 하나의 가능한 해결책입니다.
- 작년 상반기를 시작으로, 세계 경제가 침체된 상태입니다.
- 저희 부서의 실적이 좋지 않았습니다.
- 우리의 경비가 너무 높은 것이 하나의 문제점입니다.
- 비용을 줄이는 것이 좋은 해결책입니다.
- 따라서 더 많은 전문적인 엔지니어들을 채용해야 합니다.

Problems
- Stagnant
-
-

Solutions
- Find
-
-

▶ 정답: 152 p

DAY
06

시각자료
만들기 02

핵심강의 06

Focus On

오늘 배울 핵심 주제입니다

유인물을 활용한다
서체도 전달력을 갖는다
시각자료를 적극적으로 사용한다

Find Out

시작하기 전에 생각해보세요

유인물은 어떤 상황에서 필요한가
슬라이드 속 폰트는 어떤 것이 좋은가
세리프체와 산세리프체의 차이점은 무엇인가
슬라이드당 시각자료는 몇 개가 적절한가
원 그래프는 몇 조각을 넘지 않는 게 좋은가
도표는 2D와 3D 중 어떤 스타일이 가독성이 더 높은가

유인물을 활용한다

프레젠테이션의 내용이 담긴 유인물(핸드아웃)을 참가자들에게 배포할 때가 있습니다. 유인물은 슬라이드 전체를 그대로 출력하는 것이 아닙니다. 프레젠테이션의 내용을 청중들에게 상기시키고 부연 설명이나 추가 자료를 제공할 때 사용하는 부가자료를 뜻합니다.

유인물이 필요한 경우와 배포 방법

발표 시간이 짧을 때는 핸드아웃을 제공한다

유인물은 발표했던 내용을 상기시키는 역할을 합니다. 발표가 끝난 후 청중이 편한 시간에 내용을 검토할 수 있습니다. 주어진 시간이 발표할 내용에 비해 짧을 때 특히 유용합니다. 실제 프레젠테이션에서는 주요 요소만 언급하고 세부사항은 유인물로 배포할 수 있기 때문입니다. 다시 말하지만, 청중은 발표가 끝나고 24시간 후에는 내용의 75~90%를 기억하지 못합니다.

유인물 배포			
배포 시기	배포 장소	장점	단점
발표 전	의자	청중에게 편하다 혼란스러운 상황을 피할 수 있다	청중이 발표를 보는 대신 유인물에 집중한다
	입구 근처	관리가 용이하다	일부 청중은 안 가져갈 수 있다
	직접 배포	발표 전에 청중과 미리 인사할 수 있다	시간이 오래 걸리고 다수가 함께 들어오는 경우 혼란을 초래한다
발표 도중	직접 배포	딱 필요한 순간에 청중에게 줄 수 있다	흐름을 깰 수 있고 시간이 오래 걸린다
발표 후		관리가 용이하다	청중이 유인물에 나올 내용을 발표 중에 불필요하게 노트할 수 있다

서체도
전달력을 갖는다

장소에 따라 서체 크기를 정한다

슬라이드에 쓰는 서체의 기본 크기는 38~48포인트가 일반적입니다. 긴 텍스트를 리스트 형식으로 열거할 때는 24~32포인트 정도가 적합합니다. 하지만 실제로 프레젠테이션이 이루어질 공간의 규모와 슬라이드를 띄울 스크린 사이즈를 감안해서 서체 크기를 조정하는 것을 추천합니다. 예를 들어 장소가 좁고 스크린도 작다면 전체적으로 서체 크기를 키우는 것이 좋습니다.

서체 사이즈는 최대 세 가지를 쓰는 것을 권합니다. 제목에 하나, 리스트 열거(글머리 기호 등)에 하나, 그리고 부가적으로 쓰는 텍스트에 하나를 더 씁니다.

슬라이드에 쓰는 색깔은 세 개가 적당하다
슬라이드에 너무 많은 색깔을 써서 지나치게 화려하면 내용에 집중하기 어렵다. 사진이나 그림, 그래픽을 제외하고, 배경과 폰트를 포함해서 최대 세 가지 색깔을 넘지 않도록 한다.

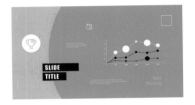

산세리프체를 주로 쓴다

서체 스타일은 일관성을 유지해야 슬라이드가 깔끔하게 보이고 중요한 내용이 눈에 잘 들어옵니다. 여러 종류를 쓰는 것보다 하나, 많으면 두 개 정도가 적당합니다.

서체의 종류는 세리프와 산세리프로 나뉜다

서체는 크게 두 종류로 나누어집니다. 세리프serif와 산세리프sans serif인데, 영어도, 한글도 이 두 가지 서체가 존재합니다. 세리프는 Times New Roman과 명조체처럼 획의 끝부분이 구부러져 있고 산세리프는 Arial과 고딕체처럼 획이 직선입니다.

통상적으로 프레젠테이션 슬라이드에서는 가독성을 높이기 위해 깔끔하게 돌출 없이 직선으로 이루어진 산세리프체를 씁니다. 때로는 인용구나 특정 부분에 차이를 두거나 강조할 때 세리프체를 쓰기도 합니다.

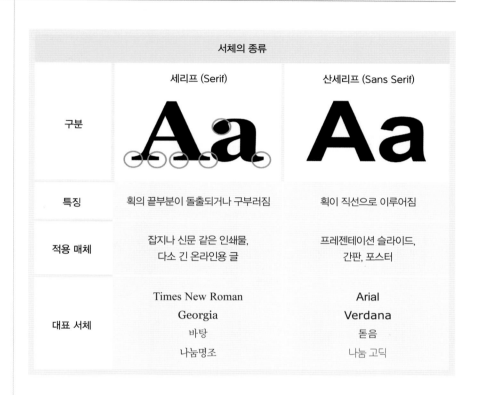

	서체의 종류	
	세리프 (Serif)	산세리프 (Sans Serif)
구분	**Aa**	**Aa**
특징	획의 끝부분이 돌출되거나 구부러짐	획이 직선으로 이루어짐
적용 매체	잡지나 신문 같은 인쇄물, 다소 긴 온라인용 글	프레젠테이션 슬라이드, 간판, 포스터
대표 서체	Times New Roman Georgia 바탕 나눔명조	Arial Verdana 돋움 나눔 고딕

영어에는 영어 서체를 적용한다

외국 영화에서 한국어 간판이나 한글이 적힌 메모가 나올 때 서체가 어색해 보일 때가 있죠? 이는 제대로 된 한글 서체를 쓰지 않기 때문인데요. 영어도 마찬가지입니다. 영어에 한글 서체를 적용하면 어색하게 보일 수 있으므로 영어 서체를 사용하세요. 다음 두 서체에서 왼쪽은 한글 서체인 굴림체를 영어에 적용한 예입니다. 영어권 사람들의 눈에는 어색해 보일 수밖에 없습니다.

Good Presentation

Good Presentation

굴림체(한글서체)

Arial(영문서체)

시각자료로 넘어가기 전에, 시각자료의 종류를 얼마나 알고 있는지 확인해봅시다. 다음에 나오는 시각자료의 명칭이 영어로 무엇인지 보기에서 골라 써보세요.

organizational chart	bar chart(graph)	table
plan	pie chart	line graph
map	diagram	flow chart

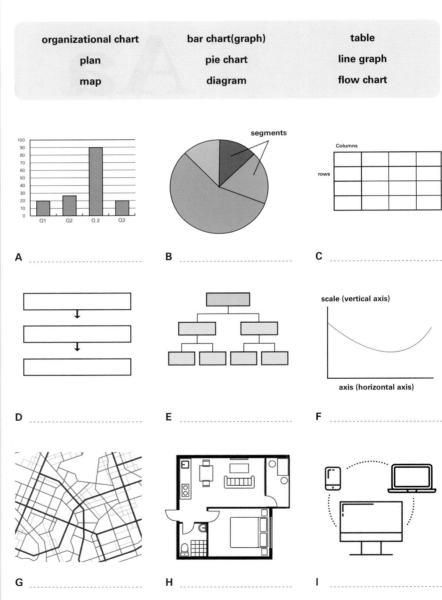

A ....

B ....

C ....

D ....

E ....

F ....

G ....

H ....

I ....

▶ 정답: 152 p

시각자료를
적극적으로 사용한다

막대 그래프(바 차트)나 원 그래프(파이 차트) 외에도 슬라이드에 넣을 수 있는 시각 자료의 종류가 많습니다. 사진이나 그림, 지도 등을 이용해서 전달하고자 하는 내용의 이해를 도울 수도 있습니다.

도표를 영어로 부를 때는 그래프graph와 차트chart, 다이어그램diagram이라는 용어를 혼용해서 씁니다. 수학이나 경제학에서는 각 도표를 부르는 명칭이 더 세밀하겠지만 비즈니스 프레젠테이션에서는 크게 구별하지 않고 각자 부르기 편한 대로 사용하는 경우가 많습니다.

특히 graph와 chart의 구별은 원어민 사이에서도 명확하지 않아서 같은 그룹의 사람들 사이에서도 부르는 이름이 다르기도 합니다. 누구나 알아듣는 가장 대표적인 용어는 chart이기 때문에 모든 도표는 chart라고 불러도 좋습니다.

데이터 특성에 따라 도표 선택

다음은 프레젠테이션 슬라이드에 가장 많이 쓰이는 세 가지 도표입니다.

원 그래프(pie chart)

우리가 흔히 원 그래프라고 부르는 이 도표는 영어에서 보통 그래프가 아닌 차트라고 부릅니다. 파이처럼 생긴 '원'이 상징하는 100% 전체에 대한 각 파이 조각의 비율을 보여줍니다. 조각 segment, slice, wedge 수는 5개를 넘기지 않는 것이 좋습니다. 데이터 항목이 이보다 많을 경우 작은 조각들은 하나의 조각으로 묶어서 other(기타)라고 표시하면 됩니다.

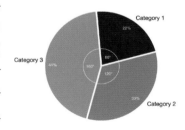

막대 그래프(bar graph/bar chart)

막대 그래프는 두 가지 이상 항목 사이의 관계를 보여줄 때 매우 유용합니다. 막대 그래프에서는 눈금(그리드 라인)을 최소화해야 간결해보입니다. 가독성을 높이기 위해서는 각 막대의 두께가 막대 사이의 간격보다 넓은 것이 좋습니다.

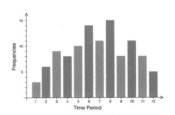

선 그래프(line graph)

선 그래프는 시간의 흐름에 따라 데이터 항목의 변화를 보여줍니다. 변화를 부각하는 것이 주된 목적인 만큼 눈금은 최소화하는 것이 좋습니다.

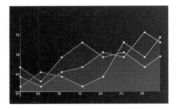

도표는 2D 그래픽이 좋다

막대 그래프든 원 그래프든, 도표는 3D 그래픽으로 표현하기보다는 더 깔끔하고 가독성이 좋은 일반 2D 형태를 추천합니다. 3D 그래픽이 더 좋은 경우는 구체적인 숫자보다 항목 간의 관계를 부각할 때입니다. 이때는 각 막대기에 해당하는 항목이 많지 않아야 합니다. 원 그래프는 특히 파이 조각의 비율이 자칫 왜곡될 수도 있으므로 2D로 표현하는 것이 일반적입니다.

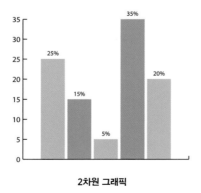

2차원 그래픽

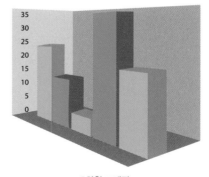

3차원 그래픽

**시각자료는
단순할수록 좋다**

시각자료 디자인은 미니멀리스트처럼 한다

그래픽 디자이너가 아니더라도 몇 가지 기본 원리만 기억하면 더욱 효과적인 비주얼을 만들 수 있습니다. 시각자료 디자인에서는 화려함이나 정교함보다 단순함과 깔끔함이 관건입니다.

심플할수록 강력한 인상을 준다

스티브 잡스는 프레젠테이션에서 늘 단순한 시각자료를 사용했는데, 시각자료는 말로 전하는 내용을 강조하기 위한 보조 도구였기 때문이다. 2008년 맥월드 엑스포에서 특정 제품이 3개월만에 5백만개 팔렸다고 말할 때, 화면에는 숫자 5,000,000을 큰 글씨로 가득 채웠다. 단순히 숫자를 크게 보여주는 것만으로도 충분한 시각자료가 된다는 좋은 예다.

1슬라이드 1시각자료 규칙을 지킨다

슬라이드당 시각자료는 딱 하나만 씁니다. 두세 개의 시각자료를 한꺼번에 보여주면 복잡하게 보일뿐더러, 슬라이드 한 장을 오래 띄워 놓고 여러 시각자료를 차례대로 설명하면 청중은 지루하다고 느낄 수밖에 없습니다. 오히려 슬라이드 수를 늘려서 빠르게 화면을 전환하는 것이 다이내믹하고 생동감 있게 보일 수 있습니다.

주요 요소만 부각한다

글자와 선, 그리드 등 시각자료에 들어갈 모든 요소는 되도록 최소화합니다. 예를 들어 월이나 연도를 나타내는 숫자는 최소 단위로만 표시하는 방법도 있습니다. 월은 6개월 단위로, 연도는 5년, 10년 단위로 표시하는 식입니다. 이때 중요한 건 내가 강조하거나 초점을 맞추고자 하는 요소나 동향, 트렌드가 무엇인지를 먼저 정하고 그 부분을 집중적으로 부각하는 것입니다. 그 외의 다른 요소들은 과감하게 생략합니다.

주요 정보는 여러 번 반복한다

청중에게 전달하고자 하는 중요한 데이터나 정보는 다양한 형태로 여러 차례 부각하는 게 좋습니다. 예를 들어 앞에서는 리스트 형태로 소개하고 뒤에서는 표나 차트의 형태로 보여줄 수 있지요.

TV 뉴스 그래픽에서 다양한 아이디어를 얻는다

신문이나 잡지에 등장하는 그래픽도 표본으로 삼을 만하지만, 뉴스 방송에 나오는 그래픽이 특히 간결하고 명확하다. 정보를 1~2초 안에 빠르게 시청자에게 전달해야 하는 만큼, 그래픽 역시 간단하고 바로 파악할 수 있어야 하기 때문이다. '불필요한 요소를 최소화한다', '중요한 요소만 부각한다' 이 원칙을 꼭 기억하자.

가장 최근에 참석한 프레젠테이션에 대해 써보세요. 자신이 발표했던 것이거나 동료 또는 다른 업체에서 진행한 프레젠테이션 모두 좋습니다.

주로 사용하는 도표 종류는 무엇인가?

• ....

최근 발표에서 사용한 도표는 무엇에 관한 자료였는가?

• ....

해당 도표가 적절했다고 생각하는 이유는 무엇인가?

• ....

Day 6에서 배운 내용을 반영해서 바꿀 요소가 있는가?

• ....

전체 발표의 폰트와 색깔 사용이 적절했는가? 그렇다면 그 이유는 무엇인가?

• ....

앞에 나온 내용을 반영해서 바꿀 요소가 있는가?

• ....

▶ 정답은 없으니 편하게 써보세요.

3 ✏

선 그래프에 늘 직선만 있을 수 없지요. 선이 구부러지기도 하고 지그재그로 오르락내리락하기도 합니다. 아래에 있는 라인 종류 중 맞는 이름을 각 그래프에 써보세요.

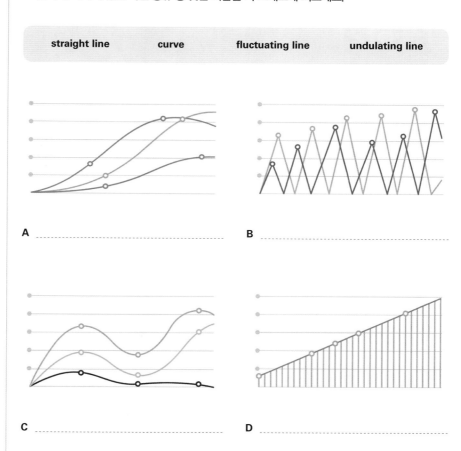

straight line   curve   fluctuating line   undulating line

A ....

B ....

C ....

D ....

▶ 정답: 152 p

DAY
07
시각자료
활용하기

핵심강의 07

003.mp3

Focus On

오늘 배울 핵심 주제입니다

시각자료 설명은 간결하게 한다
도표는 필요한 부분만 설명한다

Find Out

시작하기 전에 생각해보세요

슬라이드 설명할 때 부사와 형용사는 어떤 느낌을 주는가
시각자료를 묘사할 때는 어떤 표현을 써야 하는가
라인 그래프를 효과적으로 설명하는 순서는 무엇인가
원 그래프를 효과적으로 설명하는 순서는 무엇인가

시각자료 설명은
간결하게 한다

프레젠테이션을 하는 중에는 시각자료를 보여주며 설명하기 때문에 많은 표현을 외울 필요는 없습니다. 따라서 중요한 것은 청중의 주의를 시각자료에 집중시키는 것입니다. 영어 표현이 조금 어색하거나 불완전하더라도 청중은 자신이 보는 시각자료의 정보와 발표자의 말을 조화시키면서 듣게 됩니다.

**좋은 점은 강조하고,
나쁜 점은 축소한다**

문화적으로 영어권, 특히 북미에서는 좋은 요소는 확대하고 나쁜 요소는 축소하는 경향이 있습니다. 비즈니스에서는 더욱 그렇겠지요.

예를 들어 형용사를 써서 wonderful product(멋진 제품), nice way(좋은 방법), great music(훌륭한 음악), amazing ideas(기가 막힌 생각들)처럼 명사를 더 멋지게 포장할 수 있습니다. 스티브 잡스 역시 이런 형용사를 자주 썼습니다. 또는 부사를 사용해서 wonderfully diverse(아주 다양한), nicely arranged(멋지게 정리된), amazingly compatible(기가 막히게 잘 어울리는)같은 다이내믹한 표현을 쓰는 것도 좋습니다.

- **a wonderfully diverse** community with many different nationalities
  많은 다른 국적의 아주 다양한 공동체

- **nicely arranged** furnitures in the showroom
  전시장에 위치한 멋지게 정리된 가구들

- **amazingly compatible** with existing platforms
  기존 플랫폼과 기가 막히게 잘 호환되는

반면 좋지 않은 요소는 a little, sort of, a bit, slightly 등을 써서 정도를 낮춰 표현합니다. a little dark(살짝 암울한), sort of slow(다소 느린), a bit low(좀 낮은), drop slightly(살짝 떨어지다)라고 하면 부정적인 느낌을 줄일 수 있습니다.

- That is **a bit** low.
  그건 좀 낮습니다.

- The PC is **sort of** slow.
  PC가 다소 느립니다.

- Sales dropped **slightly** last year.
  작년에 매출이 살짝 떨어졌습니다.

**시각자료 설명에
쓰는 영어표현**

주의를 집중시키고 소개하기

청중이 슬라이드에 시선을 줄 때 잠시 기다렸다가 슬라이드 속 텍스트나 시각자료를
소개합니다. 이때 사용할 만한 표현은 몇 가지로 한정됩니다. 다음 세 가지 표현을 기
억하세요.

> ▶ 실전패턴
>
> **주의 집중** | "~를 봅시다"
> Let's look at …
> Let's take a look at …
> I'd like to show you …

표 설명하고 해설하기

다음은 시각자료를 묘사할 때 자주 쓰는 몇 가지 표현입니다. 많은 표현을 외우는 것
보다 짧고 분명한 표현을 한두 개를 정확히 쓰는 연습을 하세요.

> ▶ 실전패턴
>
> **어떤 자료인지 설명하기** | "이것은 ~를 나타냅니다"
> This shows …
> This represents …
> It shows[illustrates] …
> Here we can see (that) …
>
> **표와 숫자 설명하기**
> The vertical axis shows… while the horizontal axis shows …
> 가로축이 ~를 보일 때, 세로축은 ~를 보여줍니다
> … make up[constitutes] … x% of …
> ~는 ~ x%로 이루어졌습니다
>
> **경향 말하기**
> Clearly, we can see …　~를 확실히 알 수 있습니다
> It's clear that …　~라는 것이 확실합니다

변화 및 변동 설명하기

비슷한 뜻을 가진 단어나 구를 동사와 과거분사, 명사로 각각 표현할 수 있습니다. 모든 단어를 기억할 필요 없습니다. 자주 쓸 만하고 말하기 편한 자신만의 단어 리스트를 만들어 연습하세요. 여기서는 sales(판매)를 예로 들어보겠습니다.

> ▶ **실전패턴**
>
> **오름세** | "판매가 **증가했습니다**"
>
> **동사**
>
> Sales **increased**.　　　　　　Sales **climbed**.
> Sales **rose**.　　　　　　　　Sales **grew**.
> Sales **surged**.　　　　　　　Sales **peaked**.
>
> **과거분사**
>
> Sales have **increased**.　　　　Sales have **climbed**.
> Sales have **risen**.　　　　　　Sales have **grown**.
> Sales have **surged**.　　　　　Sales have **peaked**.
>
> **명사**
>
> We see an **increase** in sales.　　We see a **climb** in sales.
> We see a **rise** in sales.　　　　We see a **growth** in sales.
> We see a **surge** in sales.　　　We see a **peak** in sales.
>
> **내림세** | "판매가 **하락했습니다**"
>
> **동사**
>
> Sales **decreased**.　　　　　　Sales **declined**.
> Sales **fell**.　　　　　　　　　Sales **deteriorated**.
> Sales **dropped**.　　　　　　　Sales **plunged**.
>
> **과거분사**
>
> Sales have **decreased**.　　　　Sales have **declined**.
> Sales have **fallen**.　　　　　　Sales have **deteriorated**.
> Sales have **dropped**.　　　　　Sales have **plunged**.
>
> **명사**
>
> We see a **decrease** in sales.　　We see a **decline** in sales.

We see a **fall** in sales.   We see a **deterioration** in sales.
We see a **drop** in sales.   We see a **plunge** in sales.

안정세 │ "판매가 안정되었습니다"

동사

Sales **evened out**.   Sales **leveled out**.
Sales **remained stable**.   Sales **flatten out**.

과거분사

Sales have **evened out**.   Sales have **leveled out**.
Sales have **remained stable**.   Sales have **flatten out**.

명사

We see an **evening out** in sales.   We see a **leveling out** in sales.
We see a **stabilization** in sales.   We see a **flattening out** in sales.

회복세 │ "판매가 개선되었습니다"

동사

Sales **improved**.   Sales **recovered**.

과거분사

Sales have **improved**.   Sales have **recovered**.

명사

We see an **improvement** in sales.   We see a **recovery** in sales.

불규칙함 │ "판매가 불안정합니다"

동사

· Sales **fluctuated**.

과거분사

· Sales have **fluctuated**.

명사

· We see a **fluctuation** in sales.

수식어 적절하게 사용하기

부사나 형용사 같은 수식어를 사용하면 더 깊은 인상을 줄 수 있습니다. 특히 오름세나 내림세 등 변화를 언급할 때 함께 쓰면 좋은 표현입니다.

변화의 상태

Sales (have) increased **sharply**.
　　　　　　　　　　　dramatically
　　　　　　　　　　　significantly
　　　　　　　　　　　slightly
　　　　　　　　　　　moderately
　　　　　　　　　　　a little
　　　　　　　　　　　a bit somewhat

We see **somewhat of an** increase in sales.
　　　　a sharp
　　　　a dramatic
　　　　a significant
　　　　a slight
　　　　a moderate
　　　　a little
　　　　a bit of a[an]

변화의 속도

Sales (have) increased **rapidly**.
　　　　　　　　　　　suddenly
　　　　　　　　　　　gradually
　　　　　　　　　　　steadily
　　　　　　　　　　　slowly

We see **a rapid** increase in sales.
　　　　a sudden
　　　　a gradual
　　　　a steady
　　　　a slow

도표는
필요한 부분만 설명한다

슬라이드에 있는 데이터나 수치를 언급할 때 불필요한 설명은 피합니다. 프레젠테이션에서 다루는 주제에 꼭 필요한 특정 데이터와 수치를 중점적으로 설명하면 됩니다. 특히 라인 그래프에서 X축과 Y축 항목을 모두 설명하는 것보다 라인 그래프의 선이 나타내는 추세만 이야기합니다.

수치 표현은 간소화한다

데이터나 수치, 비율 등을 직접 수치로만 언급하는 것보다 청중이 바로 알아듣기 쉽게 전달하는 것이 효과적입니다. 예를 들어 특정 지역에 있는 가게 주인들에게 가장 선호하는 간판의 색깔이 무엇이냐고 물었는데, 123명 중 41명이 빨간색이라고 답했다고 합시다. 청중에게 이 데이터를 전달하는 방법은 여러 가지가 있습니다. 주제에 맞게 가장 와 닿는 표현을 골라 쓰세요.

123명 중 41명을 표현하는 다양한 표현

- **41 out of 123 people**
  123명 중 41명

- **33% of shop owners**
  가게 주인 33%

- **33 out of 100 people**
  100명 중 33명

- **1 out of 3 people, a third of them**
  3명 중 1명

데이터나 수치는 청중의 상상력을 자극하도록 설명한다

2008년 스티브 잡스가 맥 월드 엑스포에서 프레젠테이션할 때, 아이폰 판매량에 대해 이렇게 말을 했다. "And I'm extraordinarily pleased to report that we have sold 4 millinon iPhones to date. If you divide 4 million by 200 days, that's 20,000 iPhone every day on average." (그리고 지금까지 아이폰을 4백만 대 팔았다는 걸 알리게 되어 무척 기쁩니다. 4백만을 200일로 나누면 하루 평균 아이폰 2만 대가 됩니다.) 아이폰을 판매한 지 얼마 되지 않았기 때문에 아이폰의 판매 기간보다는 하루 치로 환산해서 효과를 극대화한 것이다.

변화와 변동을 나타내는 표현 세 가지를 활용하여 다음에 나오는 선 그래프를 설명해보세요.
설명하는 요소는 X라고 두고, 아래 보기를 참고하세요.

[보기]

X has increased steadily.

X increase d steadily.

We see a steady increase in X.

A

B

C

D

▶ 정답: 153 p

아래 그래프는 1980년부터 2020년까지 Route 77 도로의 하루 평균 교통량을 보여줍니다. 앞에서 제시한 영어 표현을 사용하여 이 선 그래프를 설명할 수 있습니다. 빈칸을 채우고 소리 내 읽어보세요.

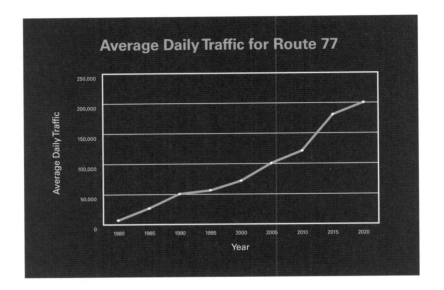

소개하기	Now, let's _____ .
설명하기	It shows _____ .
표 설명하기	The vertical axis shows _____
	while the horizontal axis shows _____ .
경향 설명하기	Clearly, we can see _____ .

▶ 정답: 153 p

3 ✎

이번에는 원 그래프를 설명해봅니다. 아래 그래프는 EPA(미국 환경보호국)의 2004년 자료를 토대로 한 주요 이산화질소 오염원을 보여줍니다. 앞에서 배운 영어 표현을 활용하여 아래에 써본 뒤에 발표하는 것처럼 말해보세요.

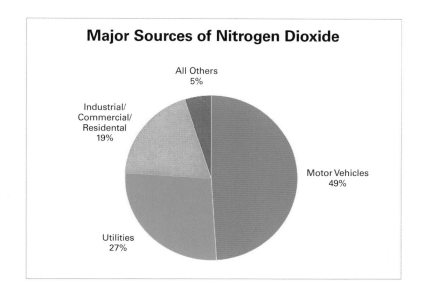

Major Sources of Nitrogen Dioxide

All Others 5%

Industrial/ Commercial/ Residental 19%

Motor Vehicles 49%

Utilities 27%

소개하기	Let's take a look at _____.
설명하기	It shows _____.
표 설명하기	Here we can see that the biggest source of nitrogen dioxide is _____.
	The next largest is _____ and the third largest source is _____.
경향 설명하기	It's clear that these three sources combined make up _____.
	All other sources constitute only _____.

▶ 정답: 153 p

DAY
08

발표
시작하기

핵심강의 08

004.mp3

Focus On

오늘 배울 핵심 주제입니다

D3 : DELIVER
도입부에서는 목표를 제시한다
청중과 자연스럽게 소통한다

Find Out

시작하기 전에 생각해보세요

리허설은 몇 번이면 충분한가
이상적인 프레젠테이션 자세는 무엇인가
시작할 때 피해야 할 행동은 무엇인가
일상 영어와 프레젠테이션 영어는 무엇이 다른가

D3: DELIVER
전달, 발표

발표의 목적을 정의하는 D1: Define 단계, 메시지를 체계화하는 D2: Develop 단계 다음으로, 본격적인 프레젠테이션에 들어가는 D3: Deliver 단계를 알아봅니다. D1, D2에 이어 핵심 메시지를 어떻게 전달할지 생각해보고 전달하는 데 필요한 언어도 익혀봅니다.

스토리를 만든다

커뮤니케이션에 스토리가 들어가면 이해하기도 쉽고 기억에도 큰 도움이 됩니다. 발표자가 중요한 정보를 각인시키거나 상대를 설득하려는 게 아니라 청중에게 이야기를 들려주려고 온 것 같은 느낌을 준다면 청중은 귀를 기울입니다. 따라서 가장 중요한 것은 이야기하듯 자연스럽게 말하는 것입니다.

초반 2분은 암기한다

앞에서도 몇 차례 얘기했지만, 자연스럽고 매끄럽게 발표하기 위해서는 반복적인 연습과 리허설이 필수입니다. 특히 도입부만큼은 리허설을 여러 번 반복하면 초반 긴장감으로 인한 실수를 방지하고, 자신감 있게 시작할 수 있습니다. Day 1에서 언급한 것처럼 프레젠테이션 전체를 외우는 것은 권장하지 않습니다. 하지만 처음 2분 정도는 외우는 것은 좋습니다. 나머지는 프레젠테이션 내용이 익숙해진 느낌을 받을 정도로 반복 연습합니다.

무대는 발표에 필요한 것만 남긴다

발표를 시작하기 전에는 주머니를 비우는 것이 좋습니다. 소리가 나거나 옷매무새가 흐트러져 보일 수 있기 때문입니다. 사소한 부분 같지만 청중의 집중을 방해하는 요소가 될 수 있습니다.

무대나 강단에서 불필요한 물건은 치우고, 테이블이나 연설대 위에는 노트북이나 유인물만 올려놓습니다. 청중의 시선을 뺏고, 발표자와 청중 사이에 벽이 될 수 있기 때문입니다. 연설대 뒤에 서면 발표자는 심리적으로 편할 수 있지만, 그만큼 청중과의 커뮤니케이션이 차단됩니다. 따라서 앞으로 나와서 발표하는 것이 좋습니다. 같은 맥락으로 마이크 역시 때로는 걸림돌이 될 수 있습니다. 큰 강연장이 아닌 이상 마이크 없이 진행하는 것을 추천합니다.

반면 물은 진행에 방해가 되지 않습니다. 짧은 발표 때는 필요는 없지만, 프레젠테이션이 다소 긴 편이라면 물 한 병을 연단이나 테이블 위에 배치하고 청중이 새 슬라이드에 집중하고 있을 때 편하게 한 모금 마시는 것도 좋습니다. 발표자의 목에도 도움이 되지만, 발표자가 자신감 있고 편해 보인다는 인상을 주므로 청중도 편하게 듣습니다.

여유로운 시작과 마무리하기

자신감 있게 프레젠테이션를 시작하고 마무리하는 방법으로 다음과 같은 것이 있습니다. 사소한 행동이지만 여유로움이 돋보이는 인상을 줍니다.

시작하기	끝내기
무대 중간으로 걸어간다	발표를 끝낸다
청중을 향해서 선다	잠시 숨을 고른 후 Thank you라고 말한다
미소를 지으며 3초 동안 청중을 둘러본다	청중이 박수칠 동안 몇 초 기다린다
시작한다	무대에서 내려온다

＊출처 《카리스마, 상대를 따뜻하게 사로잡는 힘》, 올리비아 폭스 카반, 갈매나무(2013)

무의식적으로 하는 행동을 주의한다

고개 숙여 인사하지 않는다

한국에서는 발표할 때 청중에게 고개 숙여 인사하는 것이 크게 이상하지 않습니다. 하지만 다국적 청중 앞에서 영어로 프레젠테이션을 할 때는 고개 숙여 인사하는 것은 어색합니다. 외국인에게는 어떻게 반응해야 할지 모르는 당황스러운 상황이 될 수 있습니다. 인사 대신 가벼운 인사말이나 아이스 브레이킹 멘트를 미리 준비하세요. 올라가면 당황해서 무심결에 고개 숙여 인사하는 습관이 나오기 쉽습니다. 큰 문제는 아니지만, 청중에게 시작부터 심적 불편이나 혼동을 주지 않는 것이 좋습니다.

꼼지락 거리거나 몸을 흔들지 않는다

초조함 때문에 자신도 모르게 꼼지락거리거나 서 있는 상태에서 몸을 앞뒤로 흔드는 경우가 있습니다. 초조해 보이는 몸짓은 피하고 긴장을 풀어야 합니다. Day 1에서 언급한 방법을 참고해서 무대공포증을 극복해보세요.

사과는 절대 금물

요즘은 좀 덜한 편이지만 여전히 준비가 덜 됐다고 사과를 하면서 발표를 시작하는 사례를 봅니다. 단순히 겸손함을 드러내려고 하는 말일지라도 이런 사과는 무조건 삼가야 합니다. 청중 앞에서 발표할 때는 어떤 사과라도 좋게 보이지 않습니다. 한국에서도 그렇지만 영어권 청중은 사과하는 표현을 들으면 "준비도 안 됐는데 우리는 왜 여기 와서 앉아 있는 거지?"라고 불쾌해 할 수 있습니다.

이상적인 프레젠테이션 자세

청중 앞에 섰을 때 피해야 할 자세들입니다. 양손을 모아 배 아래로 내려놓거나, 주머니에 넣거나, 뒷짐지거나, 한쪽 손을 골반에 걸치거나, 팔짱을 끼지 않도록 합니다. 그러면 가장 좋은 자세는 뭘까요? 바로 손을 자연스레 몸 옆에 두는 것입니다. 그런데 이 자세가 의외로 쉽지 않은데, 이때 좋은 해결책이 있습니다. 바로 리모컨을 손에 쥐고 있는 것입니다. 이미 슬라이드를 넘기기 위해 리모컨을 사용하고 있고, 다른 한 손은 슬라이드를 가리키거나 발표에 필요한 제스처를 할 수 있습니다.

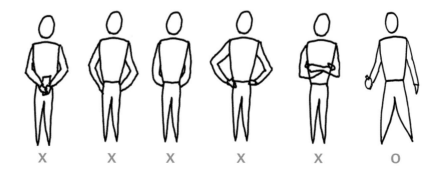

도입부에서는
목표를 제시한다

**도입부 진행 순서를
체계화한다**

다음은 프레젠테이션 도입부starting의 표준 구조입니다. 순서를 이대로 따를 필요는
없지만, 이 흐름대로 도입부를 진행하면 청중이 프레젠테이션의 내용을 받아들이기
쉬우므로, 되도록 다음에 나오는 요소를 도입부에서 모두 언급하면 좋습니다.

청중에게 인사
Greet your audience

↓

자기 소개
Introduce yourself

↓

주제 소개
Introduce the title/subject

↓

목적 소개(선택 사항)
Give the objective

↓

구성·개요 소개
Describe the structure

↓

질문 시간 안내
Say when to ask questions

↓

발표 소요 시간 안내
Mention the length

**도입부에서
쓰는 영어 표현**

인사와 자기소개

먼저 청중에게 반갑게 인사하고 내가 누구인지 간단히 밝힙니다.

> ▶ 실전패턴
>
> · Good morning[afternoon/evening] everyone.
>   Good morning[afternoon/evening] ladies and gentlemen.(격식)
>   안녕하세요, 여러분.
>
> · Hi, everyone.
>   안녕하세요, 여러분.
>
> · I'm …
>   저는 ~입니다
>
> · My name is …
>   제 이름은 ~입니다
>
> · I'm the … of …/ I'm … from …
>   저는 ~의 ~입니다
>
> · I'm in charge of …
>   저는 ~의 담당자입니다

주제 소개

도입부에서는 반드시 주제를 말합니다. 학술 발표 등에서는 제목을 그대로 말하기도 하지만 비즈니스 상황에서는 주로 내가 다룰 주제나 사안을 짧게 언급합니다. 전체 발표시간이 길다면 발표의 목적, 즉 '왜 발표를 하는지'를 함께 언급하는 것도 좋습니다.

> ▶ 실전패턴
>
> · I'm going to talk about …
>   ~에 대해 이야기하려고 합니다
>
> · The subject[topic/focus] of my presentation is …
>   제 발표의 주제는 ~입니다
>
> · We're here today to …
>   우리는 오늘 여기에 ~하기 위해 왔습니다

- **The purpose of my talk is to …**
  제 발표의 목적은 ~하려는 것입니다

개요 소개

프레젠테이션이 몇 개 파트 또는 소주제로 이루어져 있는지 간단히 언급합니다. 발표 시간이 길다면 개요를 자세히 설명할 수도 있습니다.

▶ 실전패턴

- **My talk is in … parts: …, …, and …**
  제 발표는 ~개 파트입니다: ~와 ~

- **I've divided my talk into … parts. They are … and …**
  제 발표를 ~개 파트로 나눴습니다. 그것은 ~와 ~입니다

질문 시간 안내

굳이 Q&A(질의응답) 시간을 안내할 필요가 있나 생각할 수 있습니다. 하지만 캐주얼한 소규모 발표가 아닌 이상 미리 알려주는 것이 좋습니다. 그래야 프레젠테이션 도중에 질문을 하는 등의 불필요한 방해를 사전에 차단하고 청중의 집중도도 높일 수 있습니다.

▶ 실전패턴

- **Please ask questions anytime[at the end of my presentation].**
  질문은 언제든지[발표 끝부분에] 해주십시오.

- **I'd be glad to answer your questions at the end of my talk.**
  발표가 끝나면 질문에 기꺼이 답변을 드리겠습니다.

발표 소요 시간 안내

모든 구두 비즈니스 커뮤니케이션 수단이 그렇듯, 프레젠테이션에서도 예상 소요 시간을 설정하고 이를 청중에게 알리는 것은 필수입니다.

> ▶ 실전패턴
>
> - **My talk will take ...**
>   제 발표는 ~가 걸릴 것입니다
>
> - **I'm going to be brief, about ...**
>   약 ~정도 간단히 하겠습니다

기타 안내

발표와 관련 없더라도 안내할 사항이 있으면 본론에 들어가기 전에 합니다. 예를 들어 청중에게 화장실과 다과가 있는 위치를 알려주는 것도 자연스러운 분위기를 만드는 데 좋습니다. 청중과 소통을 빨리 이루는 것도 중요합니다. 이를테면 본격적인 발표에 앞서 뒤쪽에 있는 참가자들에게 Can you hear me in the back?(뒤에서도 들리세요?)이라고 물으면 자연스레 답변이 나오면서 소통이 시작됩니다.

> ▶ 실전패턴
>
> - **The restrooms are just outside the door.**
>   화장실은 문 바로 밖에 있습니다.
>
> - **There are refreshments in the back.**
>   다과가 뒤에 있습니다.

도입부 마침 신호 보내기

꼭 필요한 건 아니지만 도입부에서 본론으로 넘어간다는 신호를 할 수 있습니다.

▶ 실전패턴

- Okay, that's all for the introduction.
  도입부는 이걸로 마칩니다.

청중과
자연스럽게 소통한다

**쉽고 정확한
언어 사용**

영어 프레젠테이션에서 사용하는 언어는 원어민이 일상에서 쓰는 영어와 비슷합니다. 글로벌 학술 세미나나 격식을 차린 발표회 같은 곳은 예외지만, 일반적인 비즈니스 상황이나 대중을 대상으로 하는 설명회에서는 심플한 단어와 문장을 씁니다. 스티브 잡스를 시작으로, 이제는 한국 기업 CEO마저도 쉽고 간단한 영어를 쓰는 추세입니다.

하지만 아무리 쉬운 영어라도 정확해야 합니다. 또한 망설임을 나타내는 '그', '아'나 영어로 um, uh, ah 같은 표현은 삼가는 게 좋습니다. 중요한 단어나 표현은 반복적으로 사용해서 청중에게 각인시킵니다.

**장소와 상황에
맞는 분위기를
연출한다**

말투와 행동이 프레젠테이션 주제와 분위기와 어울리는지 확인합니다. 가벼운 발표는 처음부터 옷차림과 행동, 표현 등을 가볍게 하는 것이 분위기에 맞습니다. 격식 차린 행사에서는 정장 차림과 그에 어울리는 행동이 나와야 하겠지요.

'여기가 너무 좋아요'라는 뉘앙스를 풍긴다
우호적인 표정이 중요하다. 자신에게 최면을 걸어서 '난 지금 이곳에 있는 것이 너무 좋아'라고 생각하면, 긴장이 풀리고 표정도 자연스러워진다. 가족과 친구와 함께 있다고 상상하는 것도 좋은 방법이다.

**청중의 신뢰를
얻는다**

발표자의 첫인상은 발표보다 먼저 형성됩니다. 따라서 나의 자세와 표정이 매우 중요합니다. 이런 비언어적 요소들이 내가 하는 말과 함께 청중의 신뢰를 얻는 데 큰 역할을 합니다.

전문성 부각하기

Day 9에서 다룰 '아리스토텔레스의 대중 설득의 요소' 중 에토스(ethos: 인격·자질)가 신뢰와 관련이 있습니다. 진실성과 함께 전문성도 부각해야 하는데, 자신을 소개할 때 나의 전문성과 자격을 발표 주제와 연관시키는 것이 좋습니다.

제삼자 언급하기

신뢰를 얻는 또 하나의 방법은 도입부에서 주제를 소개할 차례에 청중 한 명을 언급하는 것입니다. 예를 들어 Joe Smith has asked me to speak to you about...(Joe Smith가 저에게 ~에 관한 발표를 요청했습니다)라고 하면 발표자에 대한 신뢰를 높이는 동시에 청중과의 교감을 높이는 계기가 됩니다.

제삼자에게 소개받기

청중 중에 한 명이 발표자를 소개하면 다른 청중의 신뢰를 얻을 수 있습니다. 이런 식의 소개는 호기심도 유발할 수 있으니 안성맞춤이죠.

개요 슬라이드로 발표 내용을 예고한다

프레젠테이션의 개요 또는 구조를 소개할 때 소주제를 예고편처럼 언급하면서 슬라이드로 보여주는 것도 좋습니다. 단순한 예를 들면, 주제가 Our Company(우리 회사)이고 소주제가 세 가지라고 했을 때, 먼저 왼쪽에 있는 '개요 슬라이드'를 띄웁니다. 그리고 이렇게 말합니다. My talk is in three parts: brief history, popular products, and growth strategy(발표는 세 파트로 나뉩니다. 연혁, 인기 제품, 성장 전략입니다). 도입부를 마치고 본론의 첫 소주제로 들어가면서 첫 번째 항목만 강조한 슬라이드를 띄우거나, 애니메이션 효과를 줍니다.

〈개요〉

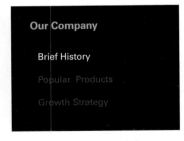

〈첫 번째 항목 강조하기〉

여러 TED 강연을 초반 2분만 들어본다

TED에서는 다양한 분야의 발표자가 강연하는 모습을 볼 수 있어서 프레젠테이션을 준비할 때 많은 도움이 된다. 특히 강연을 골라 첫 2분만 집중해서 보면 도입부에서 발표자의 태도와 표정, 움직임, 목소리가 어떻게 보이고 들리는지 객관적으로 볼 수 있다.

아래는 회사 인재개발팀이 기획한 사내 영어 교육 복지 혜택에 관한 내용입니다. 앞서 학습한 영어 표현을 활용해 프레젠테이션 도입부를 연습해보세요.

New English Education Benefits

1. Monthly reimbursement of hakwon fees for all employees
2. Semi-annual business English classes for managers
3. Annual business-focus workshops in English for senior managers

Questions/Discussions at the end

새로운 영어 교육 혜택

1. 전 직원을 대상으로 매달 학원비 환급
2. 매니저 대상 연 2회 비즈니스 영어 수업
3. 선임 간부 대상으로 연례 비즈니스 집중 워크숍

질문/토론은 마지막에

인사와 자기소개 --

주제 소개 --

구조·개요 소개 --

질문 시간 안내 --

소요 시간 안내 --

▶ 정답: 154 p

DAY

09

발표
진행하기

핵심강의 09

Focus On

오늘 배울 핵심 주제입니다

목소리와 바디랭귀지를 조절한다
청중의 참여를 유도한다

Find Out

시작하기 전에 생각해보세요

발표할 때 적절한 목소리 크기는 어느 정도인가
목소리는 변화를 주는 것이 좋은가
옷차림은 어떻게 하는 것이 좋은가
청중과 눈을 맞추는 것은 중요한가
발표할 때 적절한 움직임은 무엇인가
청중의 이목은 어떻게 끌고 유지하는가

목소리와
바디랭귀지를 조절한다

중저음의 큰
목소리로 억양을
살려 말한다

프레젠테이션에서는 비주얼 요소 다음으로 목소리가 매우 큰 역할을 합니다. 하지만 이때 어떤 목소리인지뿐 아니라 말투, 자연스러운 표정, 말의 속도 등이 복합적으로 영향을 미칩니다. 이는 종합적으로 발표자의 태도로 인식되기 때문이지요.

목소리는 충분히 크게 한다

발표 공간에 있는 모든 청중이 발표자의 목소리를 들을 수 있어야 합니다. 그러려면 뒤쪽에 있는 사람들에게까지 들리는지 확인해야 하고, 발표 중에도 청중의 반응을 지속적으로 살피면서 크기를 조절해야 합니다. 프레젠테이션 시작 바로 전에 목소리 크기를 조절하는 연습을 하는 것도 도움이 됩니다.

프레젠테이션 내내 같은 목소리 크기로 말하는 것보다 내용에 따라 조절하면 청중이 집중하게 할 수 있습니다. 중요한 요점을 말할 때는 목소리를 높이고, 주의를 집중시킬 때는 목소리를 살짝 줄이는 것도 효과적입니다.

영어의 억양을 살린다

영어 프레젠테이션에서 같은 톤으로만 말한다면 영미권 사람들은 잘 알아듣지 못하고 결국 청중은 졸기 십상입니다. 발표자가 주제에 열광하는 태도와 내용에 대한 굳은 신념을 가지고 감정이입을 하면 목소리는 절로 다이내믹해집니다. 그리고 중요한 단어나 표현에서는 목소리를 높이거나 잠깐 숨을 돌린 후 강조하면 청중의 집중도를 높일 수 있습니다.

중저음 톤으로 말한다

목소리가 높은 편이라면 낮은 톤으로 말하는 연습이 필요합니다. 낮은 톤이 상대적으로 신뢰감을 더 주기 때문입니다. 발표할 때는 목에서 나오는 소리가 아닌 마치 노래할 때처럼 가슴에서 울리는 흉성을 씁니다. 손을 가슴 위쪽에 올려 놓고 말을 해보세요. 울림이 느껴져야 합니다.

발음을 또렷하게 한다

말할 때는 또렷하고 명료하게 발음해야 좋습니다. 이는 원어민조차도 자주 지적 받는 부분으로, 말할 때 중얼거리거나 끝을 흘리지 않아야 합니다.

명료하지 못한 발음은 습관 탓일 수도 있지만 대게 조바심 때문에 생기는 현상입니다. 말을 빨리하는 것도 같은 이유일 가능성이 높습니다. 마음을 가라앉히고 침착해지면 이런 문제가 해결됩니다. Day 1에서 읽은 무대공포증 극복 방법을 사용해보는 것은 물론, 반복적인 리허설을 충분히 해서 긴장감을 누그러뜨리는 것도 도움이 됩니다.

평소에 스마트폰을 이용해서 자신의 목소리를 녹음하는 습관을 들여보세요. 직접 쓴 글도 좋지만 영미 소설이나 비소설, 좋은 영어 기사 등을 녹음해보는 것도 좋습니다. 잘 모르는 발음은 인터넷 영어사전을 검색해서 발음을 듣고 따라해봅시다.

말이 빠를 때는 한 박자 멈추는 연습을 한다
말을 빨리하는 것은 개인의 특성일 수 있지만, 프레젠테이션에서는 좋은 결과를 가져오지 못한다. 이를 바로잡는 방법으로 추천하는 것은 한숨을 돌리듯 잠깐 말을 멈추는 것이다. 문장 사이 살짝 멈추는 것은 물론, 주요 요점을 언급하거나 질문을 하기 바로 전에도 한 박자 멈추고, 새로운 슬라이드를 띄웠을 때도 잠깐 멈췄다가 시작한다.

비언어적 요소도 주의한다

효과적인 프레젠테이션은 언어와 함께 바디 랭귀지나 제스처 같은 비언어 요소가 밸런스를 맞추면서 이루어집니다.

옷차림

프레젠테이션은 그 목적과 청중의 성향에 따라 옷차림이 달라집니다. 어떤 옷을 입어야 할지 고민일 때는 청중의 분위기를 떠올려 보고 그보다 조금 더 갖춰 입는다는 생각으로 고르세요. 너무 캐주얼한 옷차림은 청중의 집중을 방해하는 요소로 작용할 수 있습니다. 대부분의 경우 dress down(격식 차리지 않고 옷 입기)보다 dress up(옷 차려 입기)을 선택하세요.

세련된 옷차림도 중요하지만 무엇보다 편해야 합니다. 너무 꽉 끼거나 두껍고 무거우면 불편함이 집중력을 저하시킵니다. 발표하는 날은 되도록 새 옷이나 액세서리, 신발 등은 피하고, 머리카락을 자르는 것도 며칠 전에 미리 해두는 것이 좋습니다.

눈 맞춤

청중과의 눈 맞춤은 청중을 위해 발표를 하고 있다는 사실을 말보다 강하게 보여줍니다. 시선이 한 사람이나 특정 물건에 집중되지 않도록 청중이 있는 방향을 고루 보고, 여러 사람과 눈을 맞추세요. 큰 강당에서는 청중이 다소 멀리 앉아 있으므로 몇 사람에게만 시선을 보내도 괜찮습니다. 근처에 있는 사람들이 모두 자신을 본다고 착각하기 때문입니다.

간혹 청중의 눈 대신 머리 위에 초점을 맞추는 사람들도 있는데, 이는 피해야 합니다. 달달 외운 것을 발표하거나 자신감이 없는 사람으로 비칠 수 있습니다.

자세

TED 강연에서 발표자가 다리를 살짝 벌리고 등을 쭉 펴고 서 있는 모습을 자주 봅니다. 안정감이 있고 자신감도 돋보이는 자세입니다. 얼굴은 정면을 향하고 턱을 위나 아래로 향하지 않게 신경을 씁니다. 경직돼 보이지 않도록 편안하게 어깨에 힘을 뺍니다. 머리는 무언가가 위에서 잡아당긴다고 생각하고 몸을 곧게 펴세요.

제스처

손을 꼼지락거리는 건 좋지 않지만 그렇다고 너무 움직이지 않으면 이상하게 보일 수 있습니다. 강조할 때 자연스럽게 손과 팔을 써보세요.

발표자는 자각하지 못하지만, 청중의 입장에서는 아주 거슬리는 행동이 얼굴이나 머리를 습관적으로 만지는 것입니다. 무의식적인 손동작은 전문성을 떨어뜨리고 자신감이 없어 보일 수 있습니다.

움직임

한군데에 계속 서 있기보다 어느 정도 움직이는 것이 좋습니다. 특히 청중이 많고 무대나 강연장이 크면 더욱더 그렇습니다. 그렇다고 무작정 왔다 갔다 하는 것이 아니라 목적을 가지고 움직여야 합니다. 특히 잠깐 걷다가 주의를 집중시키는 효과를 노려 멈추는 것도 방법이지요. 같은 방식을 반복적으로 사용하면 이상하게 느껴질 수 있으니, 아래 제시한 과정은 잠깐씩 쓰는 것이 효과적입니다.

> 목적을 가지고 움직이기
> 1. 요점을 말한다
> 2. 한쪽으로 움직인다
> 3. 멈춘다
> 4. 다른 요점을 말한다

이때 주의할 사항이 있습니다. 누군가 질문이나 발언을 할 때는 움직임을 멈추세요. 발표 도중이든 Q&A 시간이든 마찬가지입니다. 발언하는 사람 방향으로 머리만 돌리는 것이 아니라 몸 전체를 돌리고 눈을 맞춥니다.

아리스토스텔레스의 수사학적 요소를 적용한다
아리스토텔레스는 사람들을 설득할 때 세 가지 수사학적 요소를 함께 동원해야 효과가 있다고 했는데, 이는 2천 년을 훌쩍 넘은 이론이지만 오늘날에도 여전히 유의미하다.

아리스토텔레스의 설득의 3요소		
요소	나와 연관시키기	응용하기
LOGOS 논리	내가 쓰는 언어 "내가 하는 말을 이해하는가?"	• 구조가 체계적이고 뚜렷하다 • 근거를 대고 세부내용을 알려준다
PATHOS 감정	청중이 느끼는 감정 "그들의 감정에 호소하고 있는가?"	• 좋은 예시와 비주얼을 제공한다 • 스토리를 사용한다
ETHOS 인격·자질	나의 인격이 드러나는 행동 "그들이 나를 신뢰하는가?"	• 나의 진실성을 보여준다 • 전문성, 신뢰성을 부각시킨다

청중의 참여를
유도한다

청중의 주의를 끌고 이를 유지하는 다양한 방법을 함께 보겠습니다. 여기서 소개하는 방법은 주로 프레젠테이션 본론에서 쓰는데, 짧고 간단하게 진행할 수 있는 것이면 도입부에서 써도 좋습니다.

**질문은 미리
준비한다**

호기심을 자극하는 질문

사람은 질문을 받으면 답을 하려는 본능이 있습니다. 이 점을 이용해 발표자가 청중에게 질문을 던져서 호기심을 자극할 수 있습니다. 예를 들어 안드로이드 스마트폰 사용자 중 유튜브를 20대와 50대 이상 중 어느 쪽이 더 많이 시청하는가를 묻습니다. 자신의 나이와 평소 유튜브 사용 시간, 그리고 연령대 별 스마트폰 종류에 따라 다양한 답이 나올 수 있는 질문입니다. 누구나 대답하기도 쉽지요. 이런 질문을 가볍게 던지면서 관심을 유도할 수 있습니다.

개인적인 질문

개인적인 질문을 할 수도 있습니다. 예를 들어 "지난 3년간 해외에 다녀온 분 있나요?"라고 묻거나 "지난 3년간 지방 출장을 몇 번 다녀왔나요?"라고 질문합니다. 가볍게 손을 들게 하는 것만으로도 청중의 참여를 유도할 수 있습니다. 이런 질문을 하면 청중은 발표를 수동적으로 듣지 않고 능동적으로 참여하게 됩니다. 더 나아가 답을 제시하는 청중과 발표자가 간단한 대화까지 한다면 더할 나위 없는 프레젠테이션이 됩니다.

수사적 질문

답을 원하는 것이 아닌 질문도 있습니다. 바로 수사적 질문입니다. 발표자가 질문을 던지고 바로 답까지 말할 수 있는 질문이죠.

흔히 발표에서 하는 수사적 질문은 주제와 직접적으로 연관되었습니다. 이런 질문은 프레젠테이션에서 답을 들을 수 있을 것이라는 암시이기도 합니다. 예를 들어 새로운 온라인 영어 교육 서비스를 소개하는 발표에서 다음과 같은 질문을 던질 수 있습니다.

- **Are you tired of expensive hakwon fees?**
  비싼 학원비에 지치셨습니까?

**참여 활동을
제안한다**

유인물을 제공한다

청중이 직접 필기하는 활동을 통해 참여하도록 유도할 수 있습니다. 간단한 유인물을 나누어 주고 쓰게 하든지, 발표의 개요가 담긴 표에 빈칸을 채우게 하는 방법입니다. 여러 시간에 걸쳐 진행하는 세미나형 발표라면 아예 필기 가능한 워크북을 배포하기도 합니다.

액티비티를 진행한다

더욱 적극적인 청중의 참여를 원한다면 액티비티를 진행할 수 있습니다. 앉아서 하든 서서 하든 움직이면서 하든, 청중끼리 얘기를 나누면서 직접적인 참여를 유도하는 거죠. 청중 서로 간의 동지애도 생기고 자신들이 프레젠테이션의 일원으로 느끼게 됩니다.

청중의 사례를 공유한다

청중 중에 지인이 있다면 그 지인과 나눈 이야기를 스토리나 사례에 포함하는 방법도 있습니다. 또는 근래에 만난 사람에게 실제로 일어난 일을 언급하거나 그와 나눈 이야기를 들려줄 수도 있습니다. 예를 들어 청중 중에 지인인 A씨가 작년에 회사에서 경험한 일을 묘사하거나 어제 만난 B씨와 주제와 연관된 내용에 대해 나눈 대화를 언급하는 식입니다. 가까운 사람의 실제 사례를 언급하는 것은 프레젠테이션 내용에 대한 신뢰도를 높이고 청중은 친근감을 느낄 수 있습니다.

**청중의 이목을
집중시키는 자료를
사용한다**

직접 청중을 참여시키지 않고도 흥미롭게 시작해서 다이내믹하게 청중의 이목을 끄는 방법도 있습니다.

유명한 사례를 인용한다

생소한 말이나 청중이 예상하지 못한 표현을 인용구로 시작하는 방법입니다. 예를 들어 '생산성을 극대화하는 방법'이라는 주제로 프레젠테이션을 준비한다고 합시다.

많은 사람들이 매력적으로 생각하는 멀티태스킹을 언급하면서 Multitasking is a lie(멀티태스킹은 거짓말입니다).라는 인용구를 쓰는 것입니다. 이 표현은 〈원씽 The One Thing〉이라는 책에서 나왔죠.

예상치 못한 통계 자료를 제시한다

청중의 기존 지식을 뒤집는 뜻밖의 통계 자료를 보여주는 것도 이목을 끌기에 좋은 방법입니다. 다소 무섭고 비관적인 통계, 또는 뜻밖의 낙관적인 통계일 수 있습니다. 보여주는 방법으로는 큰 숫자가 적힌 슬라이드, 또는 트렌드나 비율이 담긴 도표 등을 이용해서 보여줄 수 있습니다. 다만 자료는 주제와 관련성이 높아야 합니다.

재미있는 비주얼을 이용한다

멋지거나 웃기거나 놀라운 비주얼을 보여주는 것도 또 하나의 방법입니다. 사진이 될 수도 있고 해상도 높은 영상도 좋고요. 여기서도 그저 재밌는 비주얼로 그치면 안 되고, 주제와 연관돼야 합니다.

소품을 사용힌다

앞서 언급한 적 있는 빌 게이츠의 말라리아 모기 퍼포먼스처럼 소품을 적극적으로 사용해도 좋습니다. 발표자와 슬라이드 외에 또 하나의 비주얼이 생기는 셈입니다. 소품은 빌 게이츠의 유리병처럼 극적일 필요는 없습니다. 스티브 잡스가 제품 출시 때마다 해당 제품을 직접 소개했던 것처럼 그저 제품 자체를 보여주거나 시연하는 것도 좋습니다.

감정을 자극하는 일화를 곁들인다

인간은 스토리를 좋아한다고 하지요. 특히 모르는 사람 얘기가 아니라 발표자의 사적인 얘기, 또는 지인이나 친척의 얘기, 청중의 얘기라면 더욱 흥미롭습니다. 재미를 넘어 감정을 자극하는 일화라면 청중은 자연스럽게 프레젠테이션에 더욱 집중하게 됩니다.

DAY 10

본론
말하기 01

핵심강의 10

005.mp3

Focus On

오늘 배울 핵심 주제입니다

본론은 소주제 3개로 구성한다
연결어를 적절히 사용한다

Find Out

시작하기 전에 생각해보세요

본론 구조에서 소주제는 몇 개가 적절한가
청중의 흥미를 유발하는 말하기는 무엇이 있는가
연결어는 자주 사용하면 어떤 점이 좋은가

본론은 소주제 3개로 구성한다

소주제를 본격적으로 다룬다

도입부에서 프레젠테이션의 구조와 개요를 소개할 때 소주제를 언급했습니다. 본론에서는 이 소주제를 본격적으로 다룹니다. 짧은 프레젠테이션에서는 2~3개의 소주제에 대해 자세히 설명합니다. 긴 프레젠테이션에서는 소주제를 2~3개로 나누고, 각 소주제를 뒷받침하는 하위 항목을 더 만들 수 있습니다.

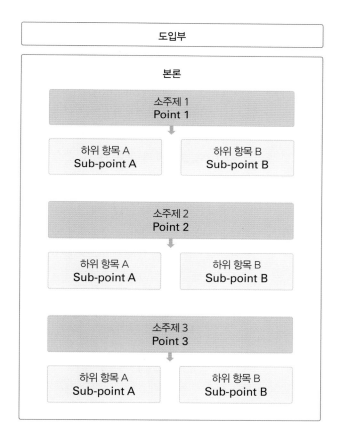

 최대 집중시간 10분마다 새로운 요소를 배치한다

인간의 두뇌를 연구하는 심리학자 겸 생물학자 존 메디나 박사는 저서 〈브레인 룰스〉에서 청중의 집중시간은 불과 10분이라고 했는데, 이는 10분마다 다시 흥미를 끄는 요소가 있어야 한다는 뜻이다. 10분 이상의 긴 프레젠테이션에서는 하나의 주제나 소주제가 10분 이상을 넘지 않도록 조절하는 것도 좋은 방법이다.

연결어를
적절히 사용한다

흥미를 유지시킨다

'나', '너'보다 '우리'를 자주 쓴다

프레젠테이션에서는 I, me, you보다 we, us를 쓰는 것이 좋습니다. 예를 들어 슬라이드에 청중의 주의를 집중시킬 때는 You can see...가 아닌 We can see...를 쓰고, Think about this. 대신 Let us를 줄인 Let's를 써서 Let's think about this.라고 말하는 것이 좋습니다.

질문으로 시작한다

What if ...?, Did you know ...?처럼 질문으로 시작하면 청중의 주의를 끌 수 있습니다. 신뢰할 만한 정보를 기반으로 했다는 뉘앙스를 주고 싶을 때는 According to ...를 써서 시작합니다. 본론을 시작할 때 쓰는 일반적인 표현은 Let's start with ...나 So, first, ... 정도가 적절합니다.

쉬운 표현으로 말한다

짧은 문장으로 또렷하고 간결하게 말합니다. 일상에서 들을 수 있는 쉬운 단어를 사용하되, 긍정적인 형용사와 부사로 이를 강조합니다. 예를 들어 제품이나 서비스를 소개할 때 amazing, great, excited, extraordinarily 같은 수식어를 쓸 수 있죠.

- We're getting some **great** feedback.
  우린 **정말 멋진** 피드백을 받고 있습니다.

- The customers were **excited** to hear the news.
  고객들은 뉴스를 듣고 **열광**했습니다.

예시와 사례를 적절히 사용한다

수치로만 이루어진 데이터는 적절한 예시와 사례를 들어 설명하면 기억에 오래 남습니다. 예를 들 때는, For example, ... 또는 For instance, ...를 써서 말합니다.

- One out of three employees are using the service every day.
  직원 3명 중 1명이 매일 이 서비스를 이용하고 있습니다.

- **For example,** Ulsan has been doing this for three years.
  예를 들어 울산은 3년째 이를 진행하고 있습니다.

비유와 대조를 나타내는 연결어를 적절히 사용한다

비유와 대조같은 수사법은 흔히 글에서 주로 사용한다고 생각하지만 시각 자료를 효과적으로 전달하기에도 좋은 방법입니다. 대조와 비유를 나타내는 연결어는 다음과 같습니다.

대조를 나타내는 연결어
- **In contrast,** this one is blue.
  반대로 이건 청색입니다.

- **But** the new samples are much bigger.
  하지만 새로운 샘플들은 훨씬 더 큽니다.

비유를 나타내는 연결어
- **In the same way,** the books are sorted by type.
  같은 방식으로, 책들은 종류별로 정렬합니다.

- **Likewise,** the veggies are cooked.
  마찬가지로, 야채도 익힙니다.

상황에 맞는 연결어를 사용한다

영어로 '연결어'를 뜻하는 transitional phrase는 프레젠테이션에 있어서 매우 중요한 역할을 합니다. 청중과 함께 하는 여정에서 표지판 기능이 있기 때문입니다. 청중은 이를 통해 발표의 어느 부분을 듣고 있는지 인식하고 여러 요소를 분리해서 구분할 수 있습니다. 부분과 부분 사이를 매끄럽게 연결하는 표현을 조리 있게 사용하는 방법을 알아봅시다.

일반적으로 많이 쓰는 연결어

다양한 연결어로 문장과 문장을 연결합니다. 접속사를 쓰기도 하고 더 긴 구를 쓰기도 합니다.

- **And** I called him. **But** he didn't answer. **So** I texted him.
  그리고 전 그 사람한테 전화했습니다. 그런데 전화를 안 받더군요. 그래서 문자를 보냈지요.

- **That's why** this product is so amazing.
  그래서 이 제품이 정말 대단한 겁니다.

진행되고 있다는 것을 나타내는 연결어

다른 주제로 넘어갈 때는 Let's move on to ... 나 Now let's look at ...을 써서 말합니다. 이야기를 정리하고 다음 주제로 넘어가기 전에는 That's all on ...이나 That covers ...를 쓰면 청중은 이야기를 정리하는 신호라고 인식할 수 있습니다. 다음 소주제로 넘어갈 때, 하위 항목에서 다음 하위 항목으로 넘어갈 때, 또는 요점과 요점, 섹션과 섹션 등 나누어진 아이디어 덩어리들을 연결할 때 씁니다.

- **Let's start with** the first example.
  첫 예시로 시작하겠습니다.

- All right, **moving on**, let's look at this chart.
  자, 넘어가면서, 이 차트를 한번 보겠습니다.

- **Next,** we have a photo taken two weeks ago.
  다음은 2주 전에 찍은 사진입니다.

- **Now that we looked at** sales, **let's take a look at** the profits.
  이제 매출을 봤으니 이익도 한번 보겠습니다.

- **Okay, that covers** China. **Let's move on to** Australia.
  네, 중국은 이걸로 마칩니다. 호주로 넘어가겠습니다.

순서를 언급하는 명확한 연결어

나열이나 순서와 관련된 표현을 사용하면 청중의 이해를 도울 수 있습니다. 순서를 말할 때는 There are ... 또는 We have ...라고 언급하거나, First, ... Next, ... Then ... After that, ... Finally, ...를 써서 말합니다. There are ...나 One is ..., Another is ... 또는 The first is to ..., The second is to ...같은 표현도 좋습니다.

- **There are** three ways to do this. **The first is to** buy it online.
  세 가지 방법이 있습니다. 첫 번째는 온라인으로 구입하는 겁니다.

- **First** plug it in. **Then** turn it on. **Next** press the auto mode.
  먼저 플러그를 꽂습니다. 그 다음 전원을 켭니다. 그런 후에 자동 모드를 누릅니다.

반복을 언급하는 연결어

중요한 단어, 표현, 아이디어는 반복해서 언급합니다. 이때도 적절한 연결어를 쓰면 청중의 주의를 환기할 수 있습니다. 그러나 지나친 반복은 피로감을 줄 수 있으므로 최대 세 번을 넘지 않도록 합니다. 자주 쓰는 표현으로는 Again, ..., As I said earlier, ... 등이 있습니다.

- **Again**, the deadline is next year.
  다시 말하지만, 내년이 마감입니다.

- **As I said earlier**, the response has been very positive.
  아까도 말했지만, 반응이 아주 긍정적이었습니다.

강조한다는 직접적인 연결어

두세 번 반복해서 한 말을 또 해야 한다면, 오히려 직접적으로 표현하는 것이 피로감을 덜어줍니다.

다시 돌아가기
- **Back to** the chart.
  차트로 돌아가죠.

- **Let's get back to** the slide.
  슬라이드로 돌아갑시다.

강조
- **I'd like to stress** this point.
  이 점을 강조하고 싶습니다.

- **Let me emphasize that** the sales increased.
  매출이 올랐다는 점을 강조하고 싶습니다.

결론
- **So** we said yes.
  그래서 우리는 동의했습니다.

- **That's why** it's so big.
  그래서 그렇게 큰 겁니다.

006.mp3

회사 인재개발팀(Human Resources Development)이 영어로 발표한 올해 영어 교육복지 혜택 내용입니다. 아래 내용을 듣고 읽으면서 순서를 언급하는 연결어를 찾아 밑줄을 그어보세요.

HR will be providing both direct financial support and organizational support for English programs this year. We will provide support in three ways: first, monthly reimbursement of hakwon fees for all employees, second, semi-annual Business English classes for managers, and third, annual business-focus workshops in English for senior managers. Let's take a look at these in detail.

First, hakwon fee reimbursement. HR plans on providing two options. One option is for HR to reimburse registration fees up to 100,000 won a month for any employee taking an English conversation class before or after work. Another is for HR to hire an English education company to set up classes inside the company and pay up to 100,000 won per employee.

The second way HR will support English programs is by offering Business English classes for managers every six months. There are three programs planned for this year, which are general business English, business writing, and a third that will be decided next month. All three programs are to run for three months at a time.

Finally, the third way of HR support will be in the form of annual business skills workshops in English for senior managers. These workshops will focus on two specific business skills. The first is presentation, and the other is negotiation. Both workshops are planned as 3-day programs at our training facility on the island of Jeju.

▶ 정답: 154 p

올해 HR은 영어 프로그램과 관련해 직접적인 재정적 지원과 함께 조직적인 지원을 제공할 예정입니다. 지원은 세 가지 방법으로 제공됩니다: 첫째로 전 직원을 대상으로 매달 학원비 환급, 둘째로 매니저를 대상으로 연 2회 비즈니스 영어 수업, 셋째로 선임 간부를 대상으로 연례 비즈니스 집중 워크숍입니다. 더 세부적으로 살펴보겠습니다.

먼저, 학원비 환급입니다. HR은 두가지 옵션을 제공할 예정입니다. 한 옵션은 출근 전이나 퇴근 후에 영어 수업을 듣는 직원에게 HR이 매달 10만원까지 등록비를 환급해주는 겁니다. 또 하나는 영어 교육업체를 고용해서 사내에 과정을 편성하고 직원마다 10만원까지 지불하는 거고요.

HR이 영어 프로그램을 지원하는 두 번째 방법은 6개월에 한 번씩 매니저들을 위한 비즈니스 영어 수업을 제공하는 겁니다. 올해는 세 가지 프로그램을 계획했는데, 그 과정은 일반 비즈니스 영어, 비즈니스 작문이고 세 번째 수업은 다음 달에 결정됩니다. 세 과정 모두 한 번에 3개월 진행됩니다.

마지막으로, 세 번째 HR 지원 방법은 선임 간부를 위한 비즈니스 스킬 워크숍입니다. 해당 워크숍들은 두 가지의 특정 비즈니스 스킬에 집중할 겁니다. 하나는 프레젠테이션, 다른 하나는 협상입니다. 두 워크숍 모두 제주도에 있는 당사 훈련 시설에서 3일 과정으로 계획했습니다.

다시 한 번 앞의 내용을 읽으면서 아래 표를 정리해보세요.

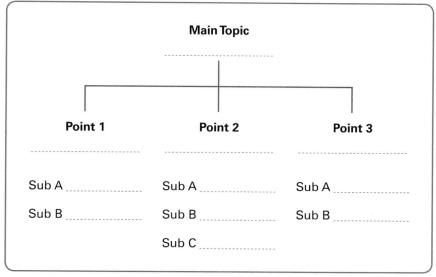

▶ 정답: 154 p

DAY
11

본론
말하기 02

핵심강의 11

Focus On

오늘 배울 핵심 주제입니다

연결어 사용하기
순서 말하기

Find Out

시작하기 전에 생각해보세요

나열된 슬라이드를 설명할 때 어떤 연결어를 사용하는가
순서의 종류는 무엇이 있는가
First, second, third 식의 순서 표현 대신 쓸 수 있는 표현은 무엇인가

연결어 사용하기

앞서 배운 내용을 종합하여 연결어를 사용하여 실제 프레젠테이션을 구성해봅시다. 가능한 다양한 연결어를 사용해서 말하는 연습을 해보세요.

007.mp3

다음은 케이블 채널 99의 새로운 TV 프로그램 편성표입니다. 먼저 내용에 맞는 연결어를 써보고 음원을 들은 다음, 소리 내어 읽어보세요.

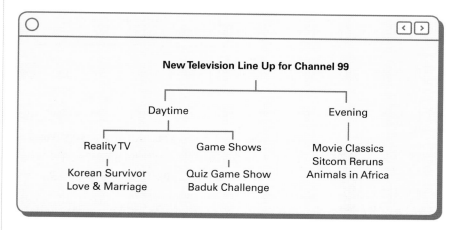

New Television Line Up for Channel 99

Daytime
- Reality TV
  - Korean Survivor
  - Love & Marriage
- Game Shows
  - Quiz Game Show
  - Baduk Challenge

Evening
- Movie Classics
- Sitcom Reruns
- Animals in Africa

도입부 Good morning, everyone. I'd like to talk about the exciting program lineup this fall at Channel 99. We have divided the lineup into daytime and evening programs, since we all know that there are different demographics of viewers for those times.

본론 소주제(Daytime)

Okay, let's start with daytime shows. .... two types. .... reality TV shows, and .... game shows. (Reality TV) For reality TV, ... two programs: "Korean Survivor" and "Love and Marriage."

(Game Shows) .... two programs for game shows: "Quiz Game Show" and "Baduk Challenge."

본론　　소주제(Evening)

_____ evening programs. _____

three different program offerings for this time slot.

_____ "Movie Classics." _____

"Sitcom Reruns." _____ (evening

program) is "Animals in Africa."

▶ 정답: 155 p

008.mp3

다음은 자동차 부품 제조회사 부사장이 잠재 투자자들 앞에서 Product A, Product B, Product C 세 가지 제품을 소개하는 프레젠테이션 일부입니다. 아래 보기에 제시된 표현 중 하나를 골라 빈칸에 적어보세요. 답을 다 적었으면 소리 내 말해보세요.

Even though	And though	That's why
Moving onto	That covers	Let's start with
but	While	Now let's look at
Although	So	Generally
that's all on	Contrary to	I'd like to stress
on the other hand	However	

_____ Product A. This new product was

developed by our R&D staff to reduce rain streaks on windshields.

_____, when consumers want good visibility during the

rain, they spray anti-streak chemicals right over the outside of the

windshield. That usually works fine, but we thought we could do

one better. Why not manufacture a windshield that doesn't need

sprays at all? _____ we went to work.

_____ it took us a whole year and an R&D staff of 30 before we came up with Product A, it was worth it.

_____ at first carmakers weren't interested, consumers found out and demanded the product be installed.

_____ Product A is used in 30% of all new cars manufactured in Korea. _____ that 30% translates to a very high number. Well, _____ product A.

_____ Product B, we see a different story.

_____ we spent as much time developing Product B as Product A, we had a different result altogether. _____ our own consumer research, the time wasn't right for a CD player that can load 200 CDs at once. _____ Product B sold fairly well during the Chuseok holidays, its sales fizzled after a year. _____, I should reiterate what I said earlier. Some of our products haven't sold as much as we would like them to, _____ we never lost money on a product. Of course, _____, we don't like making products that don't fly off the shelves. _____ Product B.

_____ Product C, which is the highest selling product we've ever developed.

▶ 정답: 155 p

순서 말하기

순서 관련 표현을 적절하게 사용하면 청중이 프레젠테이션 내용을 쉽게 따라갈 수 있습니다.

순서의 종류

순서 종류는 다음과 같이 크게 세 가지가 있습니다.

Process 절차	어떤 일이 벌어지는 순서를 묘사함 예: 신입 직원 채용 절차
Schedule 스케줄	단계별로 일정을 보여줌 예: 프로젝트 요소별 날짜 표시
Timetable 일정표	어떤 일련의 종목 및 이벤트의 구체적인 차례와 시간을 보여줌 예: 1일 워크숍 프로그램 순서

순서를 나타낼 때 쓰는 영어 표현

순서를 설명할 때는 다음 7단계 표현만 알고 있어도 좋습니다. 모든 설명을 7단계로 할 필요는 없고, 때에 따라 적절한 표현을 사용하여 순서를 설명하면 됩니다.

1단계	First, (먼저, …)
2단계	Next, (다음은, …)
3단계	Then, (그 다음, …)
4단계	After that, (그리고 나서, …)
5단계	The next stage (그 다음으로, …)
6단계	When that's completed (그러고 나면, …)
7단계	The final step (마지막으로, …)

009.mp3

인사부 채용 팀장이 팀원들에게 채용 절차를 프레젠테이션하는 내용입니다. QR코드를 찍어서 해당 내용을 들으면서 아래 빈칸에 순서를 숫자로 표시해보세요.

..... Narrow down candidates to 10
..... Put out want ads in newspapers and websites
..... Be left with final five candidates
..... Interview the first batch of candidates
..... Have senior manager interview the candidates
..... Review all applications and choose the best 10%
..... Have department manager interview them and make a final
decision

- 후보자를 10명으로 줄이기
- 신문과 웹사이트에 구직광고 게재하기
- 최종 후보자 5명 남기기
- 1차 후보자 집단을 인터뷰하기
- 선임 매니저가 후보자들 인터뷰하기
- 모든 지원서를 검토하고 상위 10% 선택하기
- 부서장이 인터뷰하고 최종 결정하기

▶ 정답: 156 p

다시 한 번 들으면서 순서에 맞춰 빈칸을 채워보세요.

1 First, ...

2 Next, ...

3 Then, ...

4 After that, ...

5 The next stage is to ....

6 When that's completed, ...

7 The final step is to ....

▶ 정답: 156 p

다음은 앞에서 다룬 프레젠테이션을 글로 풀어낸 내용입니다. 굵은 글씨는 순서를 나타내는 표현입니다. 이 부분에 유의해서 소리 내어 읽어보세요.

All right, I'd like to go over the procedure for hiring the senior designer for the new department. There are seven stages to hiring. **First**, we put out general want ads in various newspapers and websites, as well as on our own website. **Next**, we review all the applications after the deadline and choose the best 10%. We are assuming that will roughly be about 100 or so. **Then** we interview the first batch of successful applicants. **After that**, we will narrow the choices down to ten candidates. **The next stage** is to have our senior manager interview them. **When that's completed**, we will have five candidates left. **The final step** is for the department manager to interview them and make a final decision on a single successful candidate. That wraps up the hiring process.

자, 새 부서의 상임 디자이너 채용 절차에 대해 말씀드리겠습니다. 채용을 위해 일곱 단계가 있습니다. 먼저 신문과 웹사이트에 일반적인 구직광고를 게재합니다. 당사 웹사이트에도 하고요. 다음으로는 마감 후에 모든 지원서를 검토하고 최고 10%를 선택합니다. 약 100명 정도로 추정하고 있습니다. 그 다음에 1차 합격자 집단을 인터뷰합니다. 그 후 선택폭을 열 명의 후보자로 줄입니다. 다음 단계는 선임 매니저가 인터뷰를 하는 것입니다. 그게 다 끝나면 후보자 다섯 명이 남을 겁니다. 마지막 절차로 부서장님이 인터뷰해서 최종 합격자를 결정합니다. 고용 절차에 대해서는 이걸로 마칩니다.

6 다음은 책을 출간하는 일정에 대한 프레젠테이션의 일부입니다. 순서 표현을 활용해서 일정 순서를 설명하는 문장을 써보세요. 그리고 슬라이드를 보면서 설명하듯 말하세요.

1. Hire authors
2. Discuss project with authors
3. Agree on fees
4. Allow three months for the initial draft
5. Read and provide feedback on the initial draft
6. Give one more month for the final draft
7. Finalize manuscript and send it to the designer

1. 작가들 고용하기
2. 작가들과 프로젝트 논의하기
3. 보수 합의하기
4. 초안 제출까지 3개월 허용하기
5. 초안 검토하고 피드백 주기
6. 최종 원고 작성까지 1개월 추가로 허용하기
7. 원고 마무리하고 디자이너에게 넘기기

1 _____
2 _____
3 _____
4 _____
5 _____
6 _____
7 _____

▶ 정답: 156 p

DAY
12
마무리하기

핵심강의 12

010.mp3

Focus On

오늘 배울 핵심 주제입니다

마무리 구조
마무리 전략과 연습

Find Out

시작하기 전에 생각해보세요

마무리 순서는 무엇인가
요약에 꼭 포함되어야 하는 것은 무엇인가
마지막 슬라이드에서 피해야 할 문구는 무엇인가
요약과 결론은 무엇이 다른가
수사적 질문은 언제 쓰는 것이 좋은가

마무리
구조

프레젠테이션을 여행으로 비유하자면 도입부에서 청중에게 목적지를 알려주고, 본론에서 여정을 함께 하면서 관광지를 여행하고, 마무리는 지나온 길의 주요 명소들을 다시 상기시키는 것입니다. 이 마무리에서 가장 중요한 요소는 요약^{summary}입니다.

```
┌─────────────────────────────┐
│        마무리 신호           │
│       Signal the end         │
└─────────────────────────────┘
              ↓
┌─────────────────────────────┐
│         요약하기             │
│         Summarize            │
└─────────────────────────────┘
              ↓
┌─────────────────────────────┐
│       권고(선택 사항)        │
│     Make recommendation      │
└─────────────────────────────┘
              ↓
┌─────────────────────────────┐
│       마무리 감사 인사       │
│  Close by thanking the audience │
└─────────────────────────────┘
              ↓
┌─────────────────────────────┐
│          Q&A 시간            │
│    Open Q&A/discussions      │
└─────────────────────────────┘
              ↓
┌─────────────────────────────┐
│        마지막 감사 인사      │
│    Thank the audience again  │
└─────────────────────────────┘
```

마무리할 때 쓰는 영어표현

마무리 신호

본론에서 하고자 하는 말을 끝내고 마무리를 하겠다는 신호를 줍니다.

> ▶ **실전패턴**
>
> · Okay, that ends my talk.
>   네, 여기까지입니다.
>
> · (And) That covers everything[all the points/my presentation].
>   여기까지입니다.

요약

도입부에서는 '이것을 말할 것입니다'라고 예고했다면 마무리에서는 '이것을 말했습니다'라고 요약합니다. 핵심 메시지를 중심으로 간단하게 소주제를 언급하세요. 옵션으로 결론을 말할 수도 있는데 이 부분은 뒤에서 다루겠습니다.

> ▶ 실전패턴
>
> - Let me (just) go over the main[key] … again.
>   핵심 ~를 한 번 더 말씀드리겠습니다
> - I'd like to end with a brief summary.
>   간단한 요약으로 마무리하겠습니다.

마무리 감사 인사

청중에게 내용을 마쳤다는 표시 겸 끝까지 경청한 데 대해 감사하는 표현을 합니다. 다음에 이어질 질의응답 시간 후에 최종 인사를 하게 되므로, 여기서는 앞에 발표한 내용을 들어준 것에 대해 일단 마무리하는 멘트로 생각하세요.

> ▶ 실전패턴
>
> - Thank you.
>   감사합니다.
>
> - Thanks for listening.
>   경청해주셔서 감사합니다.

Q&A

대부분 프레젠테이션은 내용이 끝나고 Q&A를 진행하는 것이 일반적입니다. Q&A 전략과 연습, 어려운 상황 대처 방법은 Day 13과 14에서 다루겠습니다. 여기서는 Q&A에서 자주 쓰는 영어표현을 익혀둡시다.

질문 있으신가요?
- (Now) Are there any questions?
- (Now) Do you have any questions?

마지막 감사 인사

Q&A까지 끝난 후에는 최종 인사를 합니다. 간단하게 Thank you. 또는 Again, thank you.로 마쳐도 괜찮습니다. 강연이나 연설이면 다음 표현을 써도 좋습니다.

- Thank you for coming today.
  오늘 와 주셔서 감사합니다.

- Thank you for being such a great audience.
  멋진 청중이 돼 주셔서 감사합니다.

마치는 시간은 반드시 지킨다

비즈니스 커뮤니케이션은 약속한 시각에 마치는 것이 매너다. 예정보다 일찍 마무리할 때는 불평하는 사람이 없지만 끝내는 시간은 1분이라도 늦으면 약속을 어긴 것으로 느낄 수 있다.

마무리
전략과 연습

**핵심 메세지를
언급한다**

마무리 단계에서는 프레젠테이션의 요점을 최종적으로 언급합니다. 이때도 중요한 것은 핵심 메시지입니다. 프레젠테이션의 주제에 따라 청중에게 발표한 후 취할 결정이나 행동을 강조할 수도 있습니다. 예를 들어 세일즈 프레젠테이션이면 잠재 고객에게 서비스나 제품의 구매를 유도할 수 있고, 임원에게 하는 발표라면 결정해야 할 사항을 언급할 수 있습니다. 그런 결정을 내려야 하는 이유와 함께 구체적인 절차를 친절하게 소개하면 좋습니다.

**긍정적인 분위기로
마친다**

프레젠테이션의 마지막은 긍정적인 어조로 마치는 것이 중요합니다. 다시 말하지만 프레젠테이션에서 가장 기억에 남는 부분은 처음 30초와 마지막 15초입니다. 마지막 15초를 긍정적인 분위기로 마무리합니다.

마무리 슬라이드에 The End라고 쓰는 경우를 자주 봅니다. 그러나 이 표현은 적절하지 않습니다. 마지막 슬라이드에는 Thank you를 쓰는 게 가장 좋습니다. 물론 문구 없이 끝내는 방법도 있습니다.

**요약이나 결론를
말한다**

그럼 앞서 언급한 결론conclusion은 요약summary과 어떻게 다를까요? 아래에서 비교합니다.

요약	결론
• 짧음	• 짧음
• 새로운 정보 없음	• 새로운 정보가 있을 수 있음
• 본론에서 다룬 주요 쟁점만 다시 언급함	• 본론에서 다룬 내용과 관련된 발표자의 의견이나 주장을 포함함
	• 프레젠테이션이 끝난 후 청중이 생각을 바꾸거나 결정을 내리기를 바라는 바를 제시함

결론에 쓸 수 있는 영어표현

> ▶ 실전패턴
>
> · Let me finish by saying … 이 말씀을 드리며 마무리하겠습니다.
>
> · So it's clear that … 그래서 ~라는 것이 분명합니다.

결론 또는 권고에 쓸 수 있는 영어표현

> ▶ 실전패턴
>
> · So what can[should] we do? 그러면 어떻게 해야 할까요?
>
> · (I think/believe) We should[need to] … (제 생각에는) ~해야 합니다.

**수사적 질문으로
참여를 이끈다**

Day 9에서 청중 참여 유도를 위해 수사적 질문rhetorical question을 쓰는 전략을 잠깐 다뤘는데, 여기에서는 이를 확장해서 살펴봅시다. 우선 수사적 질문을 사용하는 이유입니다.

- 청중의 참여 유도
- 청중의 주의 집중
- 해결책 조명 강조
- 주요 쟁점이 나온다는 신호 보냄
- 다양성 선사

하지만 주의할 점도 있습니다. 우선 청중 중 한 사람에게 던지는 수사적 질문은 피합니다. 원치 않은 답변을 들을 가능성도 있기 때문입니다. 수사적 질문은 프레젠테이션을 통틀어 한두 번 쓰는 것이 효과적입니다. 다음 경우 중 한 번만 사용하세요.

- 본론 시작과 함께
- 주요 쟁점을 말하기 직전
- 결론 말하기나 권고하기 직전

011.mp3

다음은 기존 직원 채용 절차의 문제점에 대한 프레젠테이션 대본의 일부입니다. 요약, 결론 또는 권고가 있는 단락이 어디인지 찾으세요. 그리고 빈칸에 적절한 요약 표현과 결론 표현을 쓰세요. 대본을 완성했다면 발표하는 것처럼 소리 내어 읽어보세요.

Okay, **let** _____ the main problems with the existing hiring method _____. First, the time factor: it's taking our team more than three weeks to hire one person. This is just plainly ineffective. Second, the financial factor: ads in newspapers and commercial websites are proving too expensive. Finally, the quality factor: even with all the time and money spent on hiring employees, we're not getting the cream of the crop in the industry.

So what _____ ? I _____ to spend less time and money. We also need to get better quality of employees. Among many alternatives available, we can test out the referral-award system successfully implemented by our key competitor in Busan. As you all know, that program is yielding tremendous results. This will require a "think-outside-the-box" approach, radically different from the traditional ways we've been doing business. But I think the benefits will outweigh the risks involved.

Thank you for listening.

자, 기존 채용 방법의 주요 문제점들을 다시 한번 말씀드리겠습니다. 먼저 시간 요소: 우리 팀이 한 사람을 고용하는데 3주 넘게 걸리고 있습니다. 솔직히 이건 비효율적입니다. 두 번째는 재무적 요소: 신문과 상업용 웹사이트 광고는 너무 비싼 것으로 드러나고 있습니다. 마지막으로 자질 요소: 시간과 돈을 그렇게 투자하고도 업계의 최고 인재들을 구하지 못하고 있습니다.

그럼 어떻게 해야 할까요? 시간과 돈을 덜 써야 한다고 생각합니다. 그리고 보다 좋은 직원들을 구해야 합니다. 실행 가능한 여러 대안 중에서 부산에 있는 우리의 핵심 경쟁자가 성공적으로 시행한 소개–보상금 제도를 시험해볼 수 있습니다. 모두 알다시피 그 프로그램은 상당히 좋은 결과를 내고 있습니다. 이것에는 고정관념을 깨는 접근법이 필요합니다. 우리가 지금까지 해온 전통적인 방식과 현저히 다른 것 말입니다. 그래도 관련된 위험 요인보다 이득이 더 많을 겁니다.

귀 기울여 주셔서 감사합니다.

▶ 정답: 156 p

다음은 레스토랑의 신규 매장 오픈 후보지 세 곳을 소개하는 프레젠테이션입니다. 발표자는 레스토랑의 부동산 개발 담당자고, 청중은 본사 임원들입니다. 여러분이 발표자라고 생각하고 프레젠테이션 대본을 완성해보세요.

Option 1: Ace Building near Gangnam Station
- Monthly rent: 10.0 million won
- Lots of foot traffic
- Major hakwons nearby
- Young college students
- 20 Italian restaurants in a 1-km radius

Option 2: Riche Building in Apgujeong-dong
- Monthly rent: 12.0 million won
- Lots of foot traffic
- Expensive shops nearby
- People expecting to spend more money
- 25 Italian restaurants in a 1-km radius

Option 3: Happiness Building near Hongik University
- Monthly rent: 9.0 million won
- Lots of foot traffic
- Lots of bars and clubs nearby
- Young college students and foreigners
- 15 Italian restaurants in a 1-km radius

옵션 1: 강남역 인근 Ace 빌딩
- 월세: 1,000만 원
- 유동 인구 많음
- 인근에 대형 학원 위치
- 젊은 대학생들
- 반경 1km 내에 이태리 레스토랑 20곳

옵션 2: 압구정동 Riche 빌딩
- 월세: 1,200만 원

- 유동 인구 많음
- 인근에 비싼 가게들 위치
- 돈을 더 쓸 것으로 기대되는 사람들
- 반경 1km 내에 이태리 레스토랑 25곳

옵션 3: 홍대 인근 Happiness 빌딩
- 월세: 900만 원
- 유동 인구 많음
- 인근에 많은 술집과 클럽 위치
- 젊은 대학생들과 외국인들
- 반경 1km 내에 이태리 레스토랑 15곳

본문

소주제 1

(후보지 1)

소주제 2

(후보지 2)

소주제 3

(후보지 3)

마무리

마무리 신호

요약

결론(권고)

마무리 인사

Q&A 시간

마지막 감사 인사

▶ 정답: 157 p

DAY 13

Q&A
진행하기 01

핵심강의 13

012.mp3

Focus On

오늘 배울 핵심 주제입니다

청중과의 대화
Q&A 전략과 연습

Find Out

시작하기 전에 생각해보세요

Q&A의 장점은 무엇인가
왜 Q&A가 초조하게 느껴지는가
Q&A는 언제 하는 것이 좋은가
Q&A에서 피해야 할 행동은 무엇인가
왜 질문을 다시 말하거나 바꿔 말해야 하는가

청중과의 대화

프레젠테이션에서 Q&A는 본론만큼이나 중요한 부분입니다. Q&A는 청중이 직접 참여하기 때문에 일방적으로 전달만 하는 본론보다 더 어려운 시간으로 느껴질 수 있지요. 대체로 부수적인 시간이라고들 생각하기 쉽지만, Q&A만이 가지는 중요한 역할이 있습니다.

Q&A의 장점을 활용한다

주요 내용을 한 번 더 각인시킬 수 있다

Q&A에서는 발표 내용과 핵심 메시지가 제대로 전달됐는지 확인할 수 있습니다. 발표자가 본론에서 충분히 다루었다고 생각한 데이터나 정보에 대한 질문이 나오기도 합니다. 모국어가 아닌 영어로 전달했기에 청중이 이해하지 못한 부분이 있을 수도 있고요. 따라서 Q&A는 발표자에게 좋은 기회가 될 수 있습니다. 발표가 미흡했더라도 발표 내용을 한 번 더 다룰 수 있고, 이를 통해 내용을 확실히 각인시킬 수 있기 때문입니다.

다루지 못한 내용을 보충해서 설명할 수 있다

발표자는 프레젠테이션 주제의 전문가이기 때문에 청중에게 가능한 많은 것을 전달하고 싶어합니다. 하지만 정해진 짧은 시간 동안 핵심 메시지에 충실하게 발표해야 하는 것이 현실입니다. 이럴 때 Q&A에서 마침 다루지 못한 쟁점에 대한 질문이 나오면 이를 설명할 수 있는 기회를 얻는 셈이 됩니다.

시간과 장소의 특성에 따라 Q&A를 구성한다

프레젠테이션에서 Q&A 시간이 가장 힘들다고 느끼는 분들도 많습니다. 일방적으로 발표할 때와는 사뭇 다른 분위기인 Q&A가 어려운 이유는 다음과 같습니다.

- 어떤 질문이 나올지 예상했더라도 완벽하게 답하기 어렵다
- '발표자' 역할에서 '답변자' 역할로 전환해야 한다
- 청중의 질문이 궁금증을 제시하는 질문인지 견해인지 구분하기 어려울 수 있다
- 비우호적인 사람에게서 공격적인 질문이 나올 수 있다

시간별 장단점

시간	장점	단점
발표 중 (아무때나)	청중의 궁금증을 바로 해결할 수 있어서 오해나 혼동을 줄일 수 있음	시간이 많이 소요되고 발표자의 에너지 소모도 가중될 뿐 아니라 발표 주제에서 벗어날 수 있음
발표 후 (요약까지 마친 후)	방해를 최소화하면서 발표자의 집중력을 유지할 수 있음	발표하는 동안 궁금증을 해소하지 못한 청중이 있을 수 있음
소주제마다 (각 소주제 다음)	부분마다 주요 쟁점에 대한 재확인과 섬세한 설명이 가능함	흐름이 깨지고 전체 주제에서 벗어날 수 있음

장소의 크기에 따른 차이점

강연이나 연설, 공식적인 자리 등에서 진행하는 발표에서는 도입부에서 미리 Q&A 시간을 공지하는 것이 좋습니다. 하지만 회의실 같이 좁은 장소에서 하는 비즈니스 프레젠테이션, 특히 고객이 참석한 자리라면 본론 중에도 질문이 들어오기도 합니다.

예상되는 질문을 뽑아 미리 연습한다

프레젠테이션을 설계하고 준비하는 D2 Develop 단계에서 Q&A 시간에 받을 법한 질문을 예상해보고 답변을 미리 연습하는 것이 좋습니다.

예상 질문 연습 방법

1. 카드 세트를 준비하고 각 카드에 예상 질문을 적는다
2. 같은 카드에 답변을 짧게 메모하고 숙지한다
3. 중요한 단어나 표현은 찾아서 미리 써둔다
4. 카드를 섞어서 질문을 무작위로 뽑는다
5. 발표 중에 질문을 받은 것처럼 연습하고 이 과정을 반복한다
6. 발표 전날 또는 당일에 카드를 한 번 더 검토한다

상황에 따라 discussion으로 바뀐다

이 두 방식의 차이점은 발표자와 청중의 관계에 따라 달라집니다. 가령 팀원끼리 하는 회의 중에 진행한 발표에서 오가는 대화는 논의에 가깝습니다.

Q&A(질의응답)	**discussion**(논의)
• 발표자가 해당 주제에 대해 깊은 지식을 가진 전문가로 간주됨 • 청중은 발표자에게 더 많은 정보와 재확인을 요청할 가능성이 큼	• 발표자와 청중이 동등하다고 간주됨 • 청중이 자신들의 의견과 견해를 덧붙일 가능성이 큼

가장 최근에 참석한 프레젠테이션에 대해 써보세요. 자신이 발표한 것이거나 동료 또는 다른 업체의 프레젠테이션 모두 좋습니다.

Q&A 시간은 주로 언제 진행하는가? 발표 도중인가, 발표 후인가?

• --

발표 도중에도 질문이 들어오는가? 그렇다면 어떻게 대응하는가?

• --

Q&A 시간은 질의응답 형태였는가, 논의 형태였는가?

• --

영어로 진행하는 Q&A에서 가장 힘든 점은 무엇인가?

• --

▶ 정답은 없으니 편하게 써보세요.

Q&A
전략과 연습

진행 전략

기본 규칙을 정한다

Q&A의 기본 규칙을 미리 정하면 좋습니다. 기본 규칙은 질문 제한 시간과 한 사람이 할 수 있는 질문 수입니다. 간혹 일어나는 말다툼의 가능성과 한 사람이 질문을 독점 하는 상황을 예방하는 전략입니다.

질문자의 신분을 밝히도록 한다

기본 규칙을 알릴 때 질문하는 사람은 먼저 이름을 말하게 하는 것도 좋습니다. 사람 들은 자기 이름을 아는 이들에게 더 조심하고 친절하게 대하기 때문입니다.

선택 함정을 주의한다

질문자가 두 가지 선택을 제시하고 그중 하나를 택하게 하는 질문을 하는 경우가 있 습니다. 대답하기 난처하다면 굳이 답변하지 않아도 됩니다. 자연스럽게 넘어가고 싶 다면, Do you like A or B?(A와 B 중 뭐가 더 좋으세요?)라고 물었을 때 다음과 같 이 답하세요.

- **Actually, I like both.**
  실은 둘 다 좋아요.

- **Actually, I don't favor either. I like C.**
  실은 둘 다 선호하지 않습니다. 전 C가 좋아요.

나쁜 태도를 보이지 않는다

질문을 받았을 때 절대 피해야 할 행동은 다음과 같습니다.

- 질문을 무시하거나 못 들은 척하고, 때로 웃어넘긴다
- 질문자를 공격하여 난처하게 만든다
- 감정을 나타낸다
- 질문자와 언쟁을 벌인다
- 팔짱을 낀다

답변 전략	

질문을 주의 깊게 듣는다

질문자가 말하기 시작하면 질문자 쪽으로 다가갑니다. 눈을 맞추고 고개를 끄덕이며 질문을 이해했다는 신호를 보냅니다. 질문 중에 끼어들지 않고 질문을 마칠 때까지 기다립니다. 다만 질문자가 다소 헤매는 듯하면 살짝 끼어들어서 질문을 바꾸어 말해 봅니다.

질문을 다시 말하거나 바꿔서 말한다

질문자가 질문을 다 하면 다시 한번 질문을 반복하여 모든 청중이 들을 수 있도록 합니다. 이때 질문 내용을 다른 청중이 알아듣기 쉽게 바꿔서 말하는 것도 좋습니다. 질문을 반복해서 말하는 것은 발표자가 질문을 다시 한번 이해하는 데 도움이 됩니다. 답변을 생각할 시간을 벌 수도 있고요. 이때 쓸 수 있는 표현을 다음 두 가지 정도 외워두면 좋습니다.

> ▶ **실전패턴**
> - **Your question is …** ~이 질문이죠
> - **You're asking …** ~를 질문하시는 거네요

평서문을 의문문으로 바꾼다

청중이 질문이 아니라 서술을 할 때는 두 가지 해결책이 있습니다. 가령 질문자가 이런 말을 한다고 합시다. I'm not sure if the program is worth it.(해당 프로그램이 그만한 가치가 있는지 모르겠네요.) 이때 다음과 같이 질문을 구체화하세요.

   1 평서문을 의문문으로 바꿔 말한 다음 답을 제시한다.
- **The question is, "Is the program worth the financial investment?"**
  "해당 프로그램에 재정적인 투자의 가치가 있나요?"가 질문이군요.

   2 질문자에게 이렇게 다시 물을 수 있다. 단 예의를 갖춘 태도여야 한다.
- **I'm sorry. What is the question?**
  죄송한데, 어떤 걸 질문하시는 거죠?

명확하게 대답한다

답을 하기 전에 잠깐 멈추는 제스처를 취합니다. 이는 질문에 대해 진지하게 생각을 한다는 신호를 보내면서 답변에 주의를 집중시키는 효과가 있습니다. 너무 길게 멈추지 않도록 주의하세요. 영어권 사람 중에서도 북미 사람들은 긴 침묵에 불편을 느끼는 경향이 있습니다. 답변을 시작하면서는 질문자에서 눈을 떼고 다른 청중을 둘러봅니다. 답을 모두와 공유한다는 제스처입니다. 답할 때는 질문에 충실해야 하며 짧고 명료하게 합니다. 주의할 점은 이미 끝난 프레젠테이션으로 돌아가서 반복하지 않는 것입니다. 질문에 대한 답변을 예시와 함께 자세히 설명하는 것도 좋습니다.

명확하게 답하려면 질문을 명확히 이해하고 있어야 합니다. 이때 청중에게 질문을 다시 부탁하거나 재확인할 때도 있습니다. 앞에서 말한 것처럼 이런 경우 답변을 생각할 시간을 벌기에도 좋습니다.

- **I didn't (quite) catch that. Could you repeat that?**
  잘 못 들었습니다. 다시 말씀해 주시겠어요?

- **Are you asking** if the project has started?
  프로젝트가 시작됐는지 물으시는 건가요?

답이 비교적 길다면 대답을 마치고 질문자의 궁금증이 해소됐는지 확인하는 것이 좋습니다. 하지만 질문마다 같은 식으로 확인하는 것은 식상하게 느껴질 수 있으니 피해야 합니다.

- **Does that answer your question?**
  답이 충분했나요?

솔직하게 답한다

답을 할 수 없는 질문에 어떻게든 답하려고 노력하다보면 말이 장황해질 수 있습니다. 얼렁뚱땅 넘어가는 태도도 좋지 않습니다. 발표 후에 답할 수 있는 문제라면 질문자에게 따로 답하겠다고 말하는 편이 낫습니다. 나중에 질문자의 이메일이나 전화번호를 요청한 다음 빠른 시일에 답변을 보냅니다.

- **I don't have the answer for you right now. Could I get it to you later?**
  제가 지금은 그에 대한 답을 드릴 수가 없습니다. 나중에 드려도 될까요?

2 ✎ 질문자의 질문을 바꿔 말해보는 연습입니다. 첫 번째처럼 질문을 다른 말로 바꾸고, 답변도 써보세요.

[보기]

When were you born?
언제 태어나셨어요?

Your question is: How old am I? I'm 39.

질문하시는 게: 제가 몇살이냐는 거죠? 서른아홉입니다.

---

1. **How would this new policy benefit me?**
   새로운 지침이 나에게 어떤 이익이 되죠?

---

2. **Do you personally think this is a good idea?**
   개인적으로 이게 좋은 생각 같습니까?

---

3. **Why should I buy this product?**
   이 제품을 제가 왜 사야 하죠?

4. Is this your first time making a presentation?
이번에 처음 프레젠테이션을 하시는 건가요?

5. Why should we sign this contract?
왜 우리가 이 계약서를 채결해야 하죠?

6. We're doing fine now. Why should we change to your company?
우린 지금도 잘하고 있어요. 그쪽 회사로 바꿔야 할 이유가 있을까요?

7. How many successful projects have you completed?
프로젝트는 몇 개나 성공적으로 끝냈나요?

▶ 정답: 158 p

013.mp3

어떻게 답변하면 좋은지 제안하는 설명을 참고해서 질문에 나만의 답을 만들어보고 소리 내 읽어보세요.

[보기]

Question: "I don't understand it. At first you said that the new holiday policy would be better for employees. But then I heard you say just now that there are people who don't like the policy."

질문: "이해가 안 되네요. 처음에는 새로운 휴가 방침이 직원들에게 더 좋을 거라고 하셨잖아요. 하지만 그러곤 이 방침을 싫어하는 사람들이 있다는 말씀을 방금 하셨어요."

Suggestion: Rephrase the statement into a question. Then tell the person that a small minority may not like it for various reasons. Say that no policy can satisfy everyone. Point out that the policy was made after an extensive input from employees themselves.

제안: 이 평서문을 질문 형태로 바꾸어서 말하라. 그런 다음 극소수가 여러 이유로 안 좋아한다고 언급하라. 그 어떤 방침도 모든 이를 만족시킬 수 없다고 하라. 직원 본인들의 광범위한 의견을 받은 후 방침을 만들었다는 점을 지적하라.

What you will say: Your question is, why am I saying there are people who don't like the policy? A small minority may not like it for various reasons. No policy can satisfy everyone. The policy was made after an extensive input from employees themselves.

질문하시는 게, 왜 이 방침을 좋아하지 않는 사람이 있다고 말했냐는 거 맞나요? 극소수는 다양한 이유로 이 방침을 좋아하지 않을 수 있습니다. 어떤 방침이든 모든 사람을 만족시킬 수는 없지요. 이 방침은 직원들의 광범위한 의견을 받아 만들었습니다.

1. **Question:** "I know a lot of products from Korea are good and reliable, but I've seen some that weren't up to par with the ones produced in the U.S. How can I be sure your products are good enough?"

    질문: "한국산 제품의 상당수가 좋고 믿을 만하다는 건 알지만 일부는 미국에서 만든 제품 수준에 달하지 않기도 했습니다. 그쪽 제품이 적합하다는 걸 어떻게 확신하죠?"

    Suggestion: Thank the person for asking the question. Then say you've already mentioned the quality control your company has. Also tell her about the industry awards your company has won last year.

    제안: 질문에 대해 감사를 표하라. 그런 다음 자사의 품질 관리에 대해 이미 언급했다고 말하라. 그리고 자사가 작년에 받은 산업계 상에 대해서도 말하라.

    What you will say: ....
    ....
    ....

2. **Question:** "Uh…it's…uh…then what would that mean? Should it be?" (You don't understand him.)

    질문: "아… 그게… 아… 그럼 그게 무슨 뜻이 되나요? 그래야 될까요?" (무슨 말인지 못 알아듣는 경우입니다.)

    Suggestion: Say you didn't understand. Ask him to repeat what he said or put it in another way.

    제안: 못 알아들었다고 말하라. 한 번 더 말하든지 다른 식으로 말을 해달라고 하라.

    What you will say: ....
    ....
    ....

3. **Question:** "Can I ask if you would be willing to do that yourself?"
질문: "본인이 직접 그렇게 할 의향이 있는지요?"

Suggestion: Turn around and ask him the same question. Then suggest that most people would be willing to do that.
제안: 돌아서서 같은 질문을 하라. 그런 다음 거의 모든 사람이 그럴 의향이 있을 거라고 말하라.

What you will say: _____

_____

_____

4. **Question:** "What would happen to the unused containers still in the warehouse? Would the government still consider them inventory?"
질문: "창고에 아직도 사용하지 않은 컨네이터들이 있는데 그건 어떻게 될까요? 정부가 그걸 여전히 재고로 여길까요?"

Suggestion: Tell her that you're not an expert in the field.
제안: 나는 그 분야의 전문가가 아니라고 말하라.

What you will say: _____

_____

_____

▶ 정답: 158 p

DAY
14

Q&A
진행하기 02

핵심강의 14

014.mp3

Focus On

오늘 배울 핵심 주제입니다

Q&A 난관 대처 방법
실전 프레젠테이션 작성

Find Out

시작하기 전에 생각해보세요

Q&A 시간에 아무도 질문을 안 할 때는 어떤 방법이 있는가
질문이 없을 때는 그냥 마무리해도 되는가
한 사람만 계속 질문할 때는 어떻게 하는가
같은 사람이 같은 질문을 계속해서 할 때는 뭐라고 말하는가
나를 괴롭히려고 작정한 사람은 어떻게 대처하는가

Q&A
난관 대처 방법

Q&A에서 가장 어려울 때는 청중이 수동적이거나 비협조적인 경우, 그리고 공격적인 경우입니다. 비협조적인 청중은 발표자를 곤란하게 하진 않지만, 비꼬거나 난처한 질문으로 발표자를 공격적으로 대하는 청중은 발표자를 진땀빼게 만들기도 합니다. 이런 어려운 상황에 대처하는 방법 몇 가지를 알아보겠습니다.

질문이 없을 때

상황: 아무도 질문하지 않는다

본론을 끝내고 청중에게 질문이 있는지 물었는데, 아무도 반응하지 않는 민망한 상황이 있을 때가 있습니다.

해결책 1

청중에게 구체적으로 질문이나 의견을 요청합니다. 세일즈 프레젠테이션에서 특히 효과적인 방법으로, 청중의 참여를 끌어내기 좋습니다.

- All right, I've presented several ways we can satisfy your company's needs. We can do that better if we know more about your team's specific needs. **Can anyone tell me** about a situation in your own daily work where you felt frustrated?
  자, 저희가 귀사의 니즈를 충족할 수 있는 몇 가지 방법을 제시했습니다. 이쪽 팀의 특정한 니즈를 알 수 있다면 그 일을 더 잘할 수 있을 겁니다. 자신이 매일 하는 일에서 답답함을 느꼈던 상황 하나를 **말씀해주실 수 있는 분 계신가요?**

해결책 2

조용하고 어색한 분위기를 바꿔봅니다. 역으로 청중에게 질문을 던지는 방법입니다.

- **Okay, let me ask you a question.** When do you usually check your emails? Mornings? Afternoons?
  그럼, 제가 **질문하겠습니다.** 보통 이메일을 언제 확인하세요? 오전에? 오후에?

해결책 3

프레젠테이션의 내용과 청중의 배경에 따라서 질문이 없는 것이 자연스러울 때도 있습니다. 특히 시간이 얼마 남지 않았다면 발표를 마무리 짓는 것도 좋습니다. 다음 표현을 익혀두세요.

> • Okay, thank you, everyone.
> 그럼, 감사합니다. 여러분.

프레젠테이션 중간에 진행한 Q&A라면 이렇게 말합니다.

> • Okay, let's get back to the presentation.
> 그럼, 프레젠테이션으로 다시 돌아가죠.

Do you …? 대신 What …?으로 질문한다
'질문 있으신가요?'를 뜻하는 Do you have any questions?는 단답형으로 대답이 나올 수 있는 폐쇄형 질문이므로 대신 개방형 질문인 '어떤 질문이 있으신가요?'라는 의미로 What questions do you have?라고 물어보는 것도 하나의 방법이다. 이 질문에는 침묵을 깨고 이야기하는 사람들이 나올 수 있다.

질문을 독점할 때

상황: 한 사람만 계속 질문한다
프레젠테이션 주제에 대해 잘 아는 청중일수록 질문을 많이 합니다. 혼자만 질문을 계속하는 사람이 있을 때 어떻게 하면 좋을지 살펴봅시다.

해결책 1
두 번째 질문까지는 답변합니다. 그러고 나서 다른 질문자에게 기회를 주거나 질문이 더 없다면 Q&A를 마무리 짓는 것이 좋습니다. 그런데도 한 청중이 계속해서 질문한다면 다음처럼 말해볼 수 있습니다.

> • I think that question was already answered. But if you want to discuss it further, maybe we can talk after the presentation. Okay, why don't we move on to the next question?
> 그 질문에 대해서 이미 답을 드린 것 같습니다. 그런데 더 논의하고 싶으시면 프레젠테이션 끝나고 말씀을 나누는 게 어떨까 합니다. 자, 다른 질문으로 넘어갈까요?

> • That's an excellent question, and I did answer that briefly. I'll be happy to talk with you after the presentation, though.
> 참 좋은 질문입니다. 제가 간단하게 답을 드렸고요. 그런데 프레젠테이션 끝나고 말씀을 나누면 좋겠습니다.

해결책 2

청중의 질문이나 주장을 진지하게 듣는 태도를 취합니다. 질문자가 전문가라면 의미 있는 정보나 견해를 줄 수 있습니다. 게다가 발표자가 자신감 있는 것으로 보입니다.

> • **Please go ahead.** 계속 말씀하세요.

공격적으로 질문할 때

상황 : 공격적인 질문을 집요하게 한다

청중 한 사람이 집요하게 발표 내용을 반박하고, 공격적으로 질문을 하는 경우도 있습니다.

해결책 1

먼저 질문을 바꿔 말하세요. 이때 바꿔 말하는 질문은 가급적 대답하기 더 쉬워야 합니다.

> • **If I understood your question, you're saying** it might be hard to trust a consultant to do the job that you used to do in-house.
> 제가 제대로 이해했다면, 내부적으로 했던 일을 컨설턴트에게 믿고 맡기기가 어려울 수 있다는 거군요.

그런 다음 부분적으로 동의하고 연관된 요점을 언급합니다. 질문을 진지하게 받아들이고 성의 있게 답변하는 태도를 보인다면 나머지 청중은 내 편이 됩니다.

> • Yes, that is an important point. An outsider definitely needs to be careful. But let me give you a few examples of what we've accomplished with other companies.
> 네, 중요한 지적입니다. 외부인은 당연히 조심스럽게 움직여야 하죠. 그런데 저희가 다른 업체와 이룬 사례를 몇 가지 말씀드리겠습니다.

해결책 2

의도를 가지고 공격적인 질문을 하는 청중은 쉽게 멈추지 않을 수도 있습니다. 이때는 다른 사람의 질문을 받아야 한다고 직접 말하세요.

> • Okay, I'm going to need to move on to other questions.
> 자, 다른 질문으로 넘어가야겠습니다.

 TIP

Q&A 시간에도 휴식 시간을 쓸 수 있다

Q&A 시간은 물론, 프레젠테이션 본론을 말하는 중에도 진행이 매끄럽지 않거나 긴장감이 돈다고 생각되면 짧은 휴식 시간을 주는 것이 좋다. 청중은 화장실을 가거나 커피나 음료, 다과를 들며 주위를 환기할 수 있고, 발표자는 상황을 정리할 수 있는 시간이 생긴다. 짧은 발표에서는 어렵지만 긴 프레젠테이션이나 세미나에서는 가능하다.

 1 ✎

지금까지 학습한 내용을 토대로 프레젠테이션 과정을 얼마나 이해했는지 알아봅시다. 다음은 프레젠테이션에서 뽑은 발표자의 대사입니다. 도입부, 본론, 마무리 중 어느 시간에 해당하는지 빈칸에 써 보세요.

....　A. That concludes my presentation.

....　B. I would be glad to address your questions at the end.

....　C. As you can see, profits took a slight dip in February.

....　D. After that, I will discuss the effects of global warming.

....　E. I can't stress this point enough.

....　F. Let me begin by asking you a question.

....　G. Now, moving onto the last section.

.... H. I want to restate some of my key points.

.... I. Likewise, our competitor has matched our price.

.... J. Thank you for your time.

.... K. I'd like to touch upon only several points today.

.... L. Good afternoon, everybody.

.... M. That's all for the sales figures.

.... N. On the other hand, the travel expenses were cut by half.

.... O. That's a good question.

A. 이걸로 제 프레젠테이션을 마무리합니다.
B. 질문은 끝에 가서 기꺼이 답변을 드리겠습니다.
C. 보시는 것처럼, 2월에는 수익이 살짝 줄었습니다.
D. 그런 다음, 지구 온난화의 영향에 대해 말씀드리겠습니다.
E. 이 점은 아무리 강조해도 지나치지 않습니다.
F. 이 질문으로 시작하고 싶습니다.
G. 자, 마지막 부분으로 넘어갑니다.
H. 저의 핵심 쟁점들을 다시 말씀드리고 싶습니다.
I. 마찬가지로, 경쟁자는 저희와 같은 가격으로 나왔습니다.
J. 시간을 내주셔서 감사드립니다.
K. 오늘 몇 가지 쟁점만 간단히 언급하고 싶습니다.
L. 안녕하세요, 여러분.
M. 매출 수치에 대해서는 이걸로 마칩니다.
N. 반면에, 출장비는 반으로 줄었습니다.
O. 좋은 질문입니다.

▶ 정답: 159 p

실전 프레젠테이션
작성

앞에서 학습한 프레젠테이션의 전 과정을 연습할 수 있도록 실제 프레젠테이션을 작성합니다. 3Ds와 core message, 소주제 2~3개, 요약, Q&A 등 프레젠테이션의 모든 요소를 활용하여 완성하세요.

D1: Define

주제와 핵심 메시지 정하기

먼저 주제를 정하고, 청중을 설정합니다. 그다음 주제에 따라 프레젠테이션에서 전달하고 싶은 핵심 메시지를 만듭니다.

다음 중 하나를 골라 프레젠테이션의 주제로 정합니다. 그리고 D1: Define에서 프레젠테이션의 목적과 청중, 그리고 장소를 정의합니다.

- **My favorite movie that I want you to watch**
  당신이 봤으면 하는 내가 좋아하는 영화
- **My favorite book that I want you to read**
  당신이 읽었으면 하는 내가 좋아하는 책
- **My favorite website that I want you to visit**
  당신이 방문했으면 하는 내가 좋아하는 웹사이트
- **My favorite game that I want you to play**
  당신이 해봤으면 하는 내가 좋아하는 게임
- **My favorite musical artist that I want to you listen to**
  당신이 들어봤으면 하는 내가 좋아하는 음악가(가수, 그룹, 음악가 등)
- **A good friend of mine that I want you to meet**
  당신이 만났으면 하는 나의 좋은 친구
- **A special interest I want to share**
  내가 공유하고 싶은 특별한 관심사

1. 나의 가상 청중은 누구인가?

    ....

    ....

2. 큰 틀에서 내 주제는 무엇인가?

D2: Develop

소주제 정하기

주제를 더 세분화해서 소주제를 2~3개 작성합니다. 주제를 너무 광범위하게 정하면 발표 시간이 무한정 늘어날 수 있으니, 10분 내외로 끝낼 수 있는 프레젠테이션 분량에 맞춰 주제를 한정하세요.

예를 들어 my favorite movie가 〈어바웃 타임 About Time〉이라고 할 때, 영화 전체를 요약하거나 배우, 감독, 배경, 음악 등 모든 영화 요소를 다루는 것은 피합니다. 영화의 주인공이 여러 번의 시간 여행을 통해서 얻는 교훈이나 아내 또는 아버지와의 관계의 중요성 같은 특정 요점에 집중합니다. 이런 요점을 2~3개의 소주제로 나누고 영화가 깊은 인상을 남겼다는 핵심 메시지를 전합니다.

3 🖎 **주제를 통해 전하고 싶은 핵심 메시지를 써보세요.**

핵심 메시지 (준비하면서 변할 수 있음)

----

4 🖎

앞에서 정한 주제를 세분화한 요소를 써보고, 이를 바탕으로 소주제를 2~3개 만드세요.

세분화한 요소

소주제 1

소주제 2

소주제 3

D3: Deliver

발표하기

준비된 자료를 토대로 실제 상황처럼 발표하는 연습이 필요합니다. 앞에서 중요하게 언급했듯이 리허설을 여러 번 하는 것도 좋습니다. 한 주제로 자연스럽게 될 때까지 프레젠테이션하는 연습을 해보세요.

5

아래 WORKSHEET을 이용해서 도입부와 본론, 마무리를 적어보세요. 완벽한 문장으로 쓰지 않아도 됩니다. 말할 내용이 정확하게 정리되는 정도로 메모만 해도 좋습니다. 그리고 실제 발표처럼 말해보세요. 제한 시간은 10분입니다. 다른 종이나 컴퓨터에 기록해도 좋습니다.

청중에게 인사 ·····································

자기소개 ·····································

주제 소개 ·····································

구조·개요 소개 ·····································

소요 시간 안내 ·····································

소주제 1 ·····································
·····································

소주제 2 ·····································
·····································

소주제 3 ·····································
·····································

마무리 신호 ·····································

요약 ·····································
·····································

옵션: 권고 ·····································

마무리 및 감사 인사 ·····································

질의응답 시간 ·····································

마지막 감사 인사 ·····································

Answers

Day 04

1 ● 정답이 아닌 예상 답변입니다.

1 **질문** What is your dream car? 당신의 드림 카는 무엇인가요?
  구 Your Dream Car 당신의 드림 카
  단어 Car 차

2 **질문** What books are on your summer reading list?
  당신의 여름 독서 리스트에 어떤 책들이 들어 있나요?
  구 Summer Reading List 여름 독서 리스트
  단어 Reading / Books 독서 / 책

3 **질문** Are we alone in the universe? 우주에서 우리가 유일한 존재인가?
  구 Alone in the Universe 우주에서 유일한 존재
  단어 Alone / Universe 유일한(혼자) / 우주

2

1 Number of Smokers in OECD Member Nations OECD 회원 국가들의 흡연자 수
2 Sales of Jackets 재킷 판매 매출
3 Pros and Cons of Using an Electric Stove 전기레인지 사용의 장단점
4 Obesity Rates of Americans and South Koreans 미국인과 한국인의 비만 비율
5 Flavors of Ice Cream 아이스크림 맛
6 Import Cars Sold in Korea Last Year 작년 한국에서의 외제차 판매
7 Construction Sites in Busan 부산의 건설현장들
8 New Designs for Delivery Boxes 새로운 택배 상자 디자인들
9 Budget for Next Year 내년 예산
10 This Month's Best Sellers 이번 달 베스트셀러들

Day 05

1

A Smile ▸ Smile
  Smart ▸ Smartness
  Speed ▸ Speed
  ▸ 병치 구조를 위해 형용사 smart를 명사 smartness로 수정했습니다. 하지만 다른 두 단어보다 길기도 하고 smartness라는 단어가 살짝 어색합니다.

B Sparkling ▸ Sparkling
  Unique ▸ Unique
  Alive ▸ Alive
  Passion ▸ Passionate
  ▸ 위의 단어는 모두 형용사인데, passion만 명사라서 형용사인 passionate으로 수정했습니다.

C Friendly
  Fresh
  Fun
  ▸ 고칠 것이 없습니다. 병치 구조도 맞고 각 단어의 길이도 적당한 좋은 사례입니다.

2

Next Steps
- Set up another meeting
- Discuss the agenda
- Implement the plan
  ▶ 프레젠테이션 슬라이드에서는 동사로 리스트를 보여주는 게 내용 전달에 유리합니다. Discuss the agenda처럼 동사로 시작하는 두 번째 항목을 기준으로 삼아 나머지 두 항목을 고쳤습니다.

3

Q4 Action Plan
- Increase department budget 부서 예산 늘리기
- Hire better pool of employees 더 나은 직원들 채용하기
- Offer more motivational seminars 동기부여가 잘되는 세미나 더 많이 제공하기
- Develop policies in flexible work hours 유연근무제도 지침 개발하기
- Create monthly outings with family 월례 가족 야유회 시행하기
- Evaluate employees monthly 매달 업무평가하기
  ▶ 원래 문장에서 불필요한 단어는 생략하고 모든 항목을 동사로 시작했습니다.

4

Problems
- Stagnant world economy 정체된 세계 경제
- Poor division performance 부서의 부진한 성과
- High expenses 높은 비용
  ▶ 형용사 poor가 division 같은 집단 앞에 올 때는 소유격 부호(') 아포스트로피를 생략합니다.

Solutions
- Find new revenue sources 새로운 수입원 찾기
- Cut expenses and costs 비용 줄이기
- Hire more specialized engineers 전문 엔지니어를 더 고용하기
  ▶ Problems 항목들은 상태를 나타내므로 형용사로, Solutions 항목들은 앞으로 취할 행동을 나타내므로 동사로 시작합니다.

Day 06

1

A bar chart(graph) B pie chart C table D flow chart E organizational chart
F line graph G map H plan I diagram

3

A curve B fluctuating line C undulating line D straight line
▶ 선 그래프는 종류에 따라 쓰임새가 다릅니다. A curve(곡선)는 오름새에서 내림새, 또는 내림새에서 오름새의 동향이 비교적 일관적일 때, B fluctuating line(변동선)은 오르내림의 변동이 심할 때, C undulating line(물결선)은 오르내림의 기복이 마치 물결처럼 비교적 안정적일 때, D straight line(직선)은 오름새나 내림새가 직선처럼 일관적일 때 씁니다.

Day 07

1 • 정답이 아닌 예상 답변입니다.

A X has climbed slightly.
X climbed slightly.
We see a slight climb in X.

B X has dropped dramatically.
X dropped dramatically.
We see a dramatic drop in X.

C X has risen sharply.
X rose sharply.
We see a sharp rise in X.

D X has declined a little.
X declined a little.
We see a little decline in X.

▶ 그래프 내용에 따라 사용 가능한 단어는 다양합니다. **Day 07**에 소개된 표현을 참고하세요.

2

소개하기
Now, let's take a look at this graph.
자, 이 그래프를 함께 보겠습니다.

설명하기
It shows the average daily traffic for Route 77 from 1980 to 2020.
1980년부터 2020년도까지 Route 77의 하루 평균 교통량을 보여줍니다.

표 설명하기
The vertical axis shows the average daily traffic while the horizontal axis shows the years.
세로 축은 일 평균 교통량을 보여주고 가로 축은 연도를 보여줍니다.

경향 설명하기
Clearly, we can see a steady rise in average daily traffic over the years.
일 평균 교통량이 수년간 꾸준히 증가하는 것을 확실히 볼 수 있습니다.

3

소개하기
Let's take a look at this pie chart.
자, 이 파이 그래프를 함께 보겠습니다.

설명하기
It shows major sources of nitrogen dioxide by source.
이산화질소의 주요 오염원을 원인 별로 보여줍니다.

표 설명하기
Here we can see that the biggest source of nitrogen dioxide is motor vehicles (at 49%).
여기에서 가장 큰 이산화질소 오염원이 (49%로) 자동차라는 걸 알 수 있습니다.
The next largest is utilities (at 27%) and third largest source is industrial, commercial, and residential (at 19%).
그 다음으로 큰 것은 (27%로) 공익사업이고, 세 번째로 큰 오염원은 (19%로) 산업, 상업, 주거입니다.

경향 설명하기
It's clear that these three sources combined make up 95% of all nitrogen dioxide.
All other sources constitute only 5%.
이 세 가지 오염원인이 합쳐져서 모든 이산화질소의 95%를 이룬다는 것을 확인할 수 있습니다.
모든 다른 오염원인은 그저 5%에 불과하고요.

Day 08

1

인사와 자기소개
Hi, everyone. I'm Jay Roh from HR. 안녕하세요 여러분. 저는 HR의 Jay Roh입니다.

주제 소개
I'm going to talk about the new English education benefits.
새로운 영어 교육 혜택에 대해서 말씀드리려고 합니다.

구조 개요 소개
My talk is in three parts: monthly reimbursement of hakwon fees for all employees, semi-annual Business English classes for managers, and annual business-focus workshops in English for senior managers.
제 발표는 세 파트입니다. 전 직원들 대상으로 매달 학원비 환급과 매니저 대상 연 2회 비즈니스 영어 수업, 선임 간부 대상 연례 비즈니스 집중 워크숍입니다.

질문시간 안내
I'd be glad to answer your questions at the end of my talk.
발표가 끝난 후에 질문을 받도록 하겠습니다.

소요 시간 안내
My talk will take about ten minutes.
저의 발표 시간은 약 10분입니다.

Day 10

1

HR will be providing both direct financial support and organizational support for English programs this year. We will provide support in three ways: first, monthly reimbursement of hakwon fees for all employees, second, semi-annual Business English classes for managers, and third, annual business-focus workshops in English for senior managers. Let's take a look at these in detail.

First, hakwon fee reimbursement. HR plans on providing two options. One option is for HR to reimburse registration fees up to 100,000 won a month for any employee taking an English conversation class before or after work. Another is for HR to hire an English education company to set up classes inside the company and pay up to 100,000 won per employee.

The second way HR will support English programs is by offering Business English classes for managers every six months. There are three programs planned for this year, which are general business English, business writing, and a third that will be decided next month. All three programs are to run for three months at a time.

Finally, the third way of HR support will be in the form of annual business skills workshops in English for senior managers. These workshops will focus on two specific business skills. The first is presentation, and the other is negotiation. Both workshops are planned as 3-day programs at our training facility on the island of Jeju.

2

Main Topic New English Education Benefits
    Point 1 hakwon fee reimbursement (all employees)
        Sub A reimbursement of registration fees
        Sub B classes inside the company
    Point 2 business English classes every six months (mangers)
        Sub A general business English

Sub B   business writing
Sub C   to be decided next month

Point 3   annual business skills workshops (senior managers)
      Sub A   presentation skills
      Sub B   negotiation skills

Day 11

1

본론 소주제(Daytime)
Okay, let's start with daytime shows. There are two types. The first is reality TV shows, and the other is game shows. (Reality TV) For reality TV, we have two programs: "Korean Survivor" and "Love and Marriage."
(Game Shows) There are also two programs for game shows: "Quiz Game Show" and "Baduk Challenge."

자, 낮 시간 프로그램으로 시작하겠습니다. 두 종류가 있습니다. 첫 번째는 reality TV shows, 또 하나는 game shows입니다. Reality TV는 두 가지 프로그램이 있습니다: Korean Survivor과 Love & Marriage입니다. Game shows도 두 가지가 있습니다: Quiz Game Show와 Baduk Challenge입니다.

본론 소주제(Evening)
Now let's look at evening programs. We have three different program offerings for this time slot.
The first is "Movie Classics." Next is "Sitcom Reruns." Finally, the third (evening program) is "Animals in Africa."

이제 저녁 시간 프로그램을 살펴보겠습니다. 이 시간대에는 세 가지 다른 프로그램이 있습니다. 첫째는 Movie Classics입니다. 다음은 Sitcom Reruns이죠. 마지막으로 세 번째 저녁 시간 프로그램은 Animals in Africa입니다.

2

Let's start with Product A. This new product was developed by our R&D staff to reduce rain streaks on windshields. Generally, when consumers want good visibility during the rain, they spray anti-streak chemicals right over the outside of the windshield. That usually works fine, but we thought we could do one better. Why not manufacture a windshield that doesn't need sprays at all? So we went to work. And though it took us a whole year and an R&D staff of 30 before we came up with Product A, it was worth it. Even though at first carmakers weren't interested, consumers found out and demanded the product be installed. That's why Product A is used in 30% of all new cars manufactured in Korea. I'd like to stress that 30% translates to a very high number. Well, that's all on product A.

Moving onto Product B, we see a different story. Although we spent as much time developing Product B as Product A, we had a different result altogether. Contrary to our own consumer research, the time wasn't right for a CD player that can load 200 CDs at once. While Product B sold fairly well during the Chuseok holidays, its sales fizzled after a year. However, I should reiterate what I said earlier. Some of our products haven't sold as much as we would like them to, but we never lost money on a product. Of course, on the other hand, we don't like making products that don't fly off the shelves. That covers Product B.

Now let's look at Product C, which is the highest-selling product we've ever developed.

▶ that's all on과 that covers는 서로 바꿔 써도 됩니다.

Product A로 시작하죠. 이 새로운 제품은 앞유리에 생기는 빗줄기를 줄이려고 당사 R&D가 개발했습니다. 보통은 비가 올 때 소비자들이 시야를 확보하기 위해 빗줄기 방지 스프레이를 앞유리 밖에 직접 뿌리죠. 이것도 효과가 좋은 편이긴 하지만 저희는 더 효과적인 방법이 있다고 봤습니다. 아예 스프레이가 필요 없는 앞유리를 제조하면 어떨까 했습니다. 그래서 우리는 그 일에 착수했죠. 그러고는 꼬박 일년이란 시간과 30명의 R&D 직원이 필요했지만 그만한 보람이 있었습니다. 처음 자동차 제조업자들은 관심이 없었음에도 불구하고 소비자들이 발견하고 이 제품의 설치를 요구하고 나섰죠. 그 때문에 한국에서 제조되는 새로운 자동차의 30%가 Product A를 사용하는 겁니다. 30%는 매우 높은 수치라는 점을 강조하고 싶습니다. 자, Product A는 이걸로 마무리합니다.

Product B로 넘어가면 이야기가 달라집니다. Product B를 개발하는데 Product A만큼이나 시간을 썼지만 완전히 다른 결과가 나왔습니다. 자사 소비자 조사와는 반대로, 200 CD를 한꺼번에 로드 가능한 CD기는 시기적절하지 않았습니다. Product B는 추석 연휴에는 꽤 잘 팔렸지만, 1년이 지나자 매출은 흐지부지 됐죠. 하지만 제가 앞에서 말씀드렸던 것을 반복하겠습니다. 자사의 일부 제품은 저희가 원하는 만큼 팔리진 않았지만 그 어떤 제품도 손해를 본 적이 없습니다. 다른 한편으로는 당연히 저희도 날게 돋친 듯 팔리지 않는 제품은 만들고 싶지 않지만요. 이걸로 Product B에 대해 마무리합니다.

이제 저희가 개발한 제품 중 가장 많이 팔린 Product C를 함께 보겠습니다.

3

<u>4</u> Narrow down candidates to 10
<u>1</u> Put out want ads in newspapers and websites
<u>6</u> Be left with final five candidates
<u>3</u> Interview the first batch of candidates
<u>5</u> Have senior manager interview the candidates
<u>2</u> Review all applicants and choose the best 10%
<u>7</u> Have department manager interview them and make a final decision

4

1 First, put out want ads in newspapers and websites.
2 Next, review all applicants and choose the best 10%.
3 Then, interview the first batch of candidates.
4 After that, narrow down candidates to ten.
5 The next stage is to have the senior manager interview the candidates.
6 When that's completed, five candidates will be left.
    또는 When that's completed, be left with five candidates.
7 The final step is to have the department manager interview them and make a final decision.

6

1 First, hire authors.
2 Next, discuss the project with the authors.
3 Then, agree on fees.
4 After that, allow three months for the initial draft.
5 The next stage is to read and provide feedback on the initial draft.
6 When that's completed, give one more month for the final draft.
7 The final step is to finalize the manuscript and send it to the designer.

Day 12

1

[요약] Okay, **let** me go over the main problems with the existing hiring method again. First, the time factor: it's taking our team more than three weeks to hire one person. This is just plainly ineffective. Second, the financial factor: ads in newspapers and commercial websites are proving too expensive. Finally, the quality factor: even with all the time and money spent on hiring employees, we're not getting the cream of the crop in the industry.

[결론/권고] **So what** should we do? **I** believe we need to spend less time and money. We also need to get better quality of employees. Among many alternatives available, we can test out the referral-award system successfully implemented by our key competitor in Busan. As you all know, that program is yielding tremendous results. This will require a "think-outside-the-box" approach, radically different from the traditional ways we've been doing business. But I think the benefits will outweigh the risks involved.

Thank you for listening.

2

본문

소주제 1

Let's start with the first option, the Ace Building near Gangnam Station. The monthly rent is 10 million won. There's lots of foot traffic, with major hakwons nearby, and a lot of them are young college students. In terms of competition, there are 20 Italian restaurants in a 1-kilometer radius.

첫 번째 옵션인 강남역 인근 Ace 빌딩으로 시작하죠. 월세는 천만 원입니다. 주요 학원들이 근처에 있고 유동 인구가 많습니다. 젊은 대학생들이 많고요. 경쟁업체 면에서는 1km 반경 내 이태리 음식점이 20개가 있습니다.

소주제 2

Now that we looked at option 1, let's take a look at option 2, which is the Riche Building in Apgujeong-dong. The monthly rent is slightly higher here, at 12 million won. It also has good foot traffic, with expensive shops nearby. So there are a fair amount of people expecting to spend more money. We found 25 Italian restaurants in a 1-kilometer radius.

이제 옵션1을 보았으니 옵션2인 압구정동에 있는 Riche 빌딩을 한번 보겠습니다. 이곳의 월세는 천이백만 원으로 약간 더 높습니다. 여기도 역시 유동 인구가 많고 비싼 가게들이 인근에 있습니다. 그래서 돈을 더 쓸 준비가 된 사람들이 꽤 많습니다. 반경 1km 내에 이태리 식당을 25군데 찾았고요.

소주제 3

Okay, that covers options 2. Let's move on to the last option. The monthly rent is 9 million won, the lowest of the three sites. It's the Happiness Building near Hongik University. Again, there's lots of foot traffic. This area has lots of bars and clubs and young college students and foreigners. And there are 15 Italian restaurants in a 1-kilometer radius.

네, 옵션2는 이걸로 마칩니다. 마지막 옵션으로 넘어가겠습니다. 홍익대학교 근처의 Happiness 빌딩입니다. 월세는 구백만 원입니다. 세 군데 중에서 가장 낮죠. 이쪽 역시 유동 인구가 많습니다. 이 지역은 술집과 클럽이 많고, 젊은 대학생들과 외국인들도 많습니다. 그리고 반경 1km 내에 이태리 식당이 10개 있습니다.

마무리

마무리 신호

That covers everything. 여기까지입니다.

요약

Let me just over the main options again. 주요 옵션을 한 번 더 말씀드리겠습니다.

결론(권고)

They are all good options. But I think we should go with the Happiness Building near Hogik University. That way, we can target the foreigners, too.

모두 다 좋은 옵션입니다. 그래도 홍대 근처 Happiness 빌딩으로 하는 게 좋을 것 같습니다. 그러면 외국인도 공략할 수 있으니까요.

마무리 인사

Thank you. 감사합니다.

Q&A 시간

Now, are there are any questions? 질문 있으신가요?

마지막 감사 인사

Thank you for coming today. 오늘 와 주셔서 감사합니다.

Day 13

2 • 정답이 아닌 예상 답변입니다.

1 Your asking: In what ways is the new policy beneficial? The new policy would be beneficial in many ways.

새로운 지침이 어떤 식으로 유익한지를 질문하시는 거죠? 새로운 지침은 여러모로 유익할 겁니다.

2 You question is: Do I believe in the idea? Yes, I do.

질문하시는 게, 제가 이 아이디어를 신뢰하느냐는 것이죠? 네, 그렇습니다.

3 You're asking why you should get this product now? Because it's stylish, state-of-the art, and very affordable.

이 제품을 왜 지금 확보해야 하는가를 물어보시는 거죠? 그거야 이 제품이 스타일리시하고 최첨단이며 가격이 매우 저렴하기 때문이죠.

4 You're asking if I've made other presentations before? Actually, I've been making presentations for years.

제가 전에도 다른 프레젠테이션을 한 적 있는 지 질문하시는 건가요? 실은 수년간 프레젠테이션을 해 오고 있습니다.

5 You're asking why we should officially work together? Because I think this is a good deal for both of us.

왜 우리가 공식적으로 협력을 해야 하는지를 물어보시는 거죠? 그 이유는 이 거래서 우리 둘 모두에게 좋은 거래일 것 같아서입니다.

6 Your question is: Things are okay now, so why make the change? I believe you can even do better if you work with us.

질문하시는 게, 그럭저럭 잘되고 있는데 왜 바꾸냐는 건가요? 저희와 함께 일하면 더욱 더 잘 되실 거라고 확신합니다.

7 Your question is: How many projects did we do recently, and were they successful? We've completed dozens of successful projects last year.

질문하시는 게, 최근에 프로젝트를 몇 개나 했으며, 그게 성공적이었냐는 거죠? 저희는 작년에 프로젝트를 몇 십 개나 성공적으로 끝냈습니다.

3

1 Thank you for the question. I've already discussed the quality control our company has. And we've won many industry awards last year.

질문 감사합니다. 제가 저희의 품질 관리에 대해 이미 말씀드렸죠. 그리고 저희는 작년에 많은 산업계 상을 수상했습니다.

2 I'm sorry I didn't understand that. Could you repeat what you said or put it another way?

제가 제대로 알아듣지 못했습니다. 다시 말씀해주시거나 다른 식으로 말씀해주시겠어요?

3 Well, let me you ask you the same question. Are you willing to do that? I think most people would be willing.

자, 저도 같은 질문을 드리겠습니다. 직접 그렇게 할 의향이 있으신가요? 저는 거의 모든 사람이 그럴 의향이 있을 거라고 봅니다.

4 I'm not an expert in the field, so I couldn't tell you.

제가 그 분야의 전문가가 아니기 때문에 답변을 못 드리겠습니다.

Day 14

1

A	마무리
B	도입부
C	본론
D	도입부
E	본론
F	본론(도입부에서도 가능)
G	본론
H	마무리
I	본론
J	마무리
K	도입부
L	도입부
M	본론
N	본론
O	마무리

▶ 2~5번은 자신만의 실전 프레젠테이션을 작성해 보는 연습이기 때문에 정답이 없습니다. 책에서 배운 내용을 토대로 프레젠테이션 원고를 써보세요.

**Try, try, try, and keep on trying is the rule
that must be followed to become an expert in anything.**

- W. Clement Stone -

노력, 노력, 노력, 그리고 계속된 노력이
어떤 분야에서라도 전문가가 되기 위해 따라야 하는 규칙이다.

- W. 클레멘트 스톤(자기계발 저자, 세일즈맨) -